STAMM
TISCH

Hotel Blauer Bock
BBS-Restaurant GmbH
& Hotel-Betriebs KG
Sebastiansplatz 9
80331 München

Belegexemplar.

©   Verlag Zabert Sandmann

München

1. Auflage 2013

ISBN 978-3-89883-361-5

Grafische Gestaltung	Jürgen Endriß (Netzwerk GbR), Georg Feigl
Coverfoto	Stephan Pick
Food- und Reportagefotos	Stefan Braun
Redaktion	Ines Alms, Sarah Fischer, Martina Solter
Redaktionelle Mitarbeit	Katharina Lisson
Texte	Rudolf Bögel
Herstellung	Karin Mayer, Peter Karg-Cordes, Veronika Sen
Lithografie	Christine Rühmer, Jan Russok
Druck & Bindung	Mohn Media Mohndruck GmbH, Gütersloh

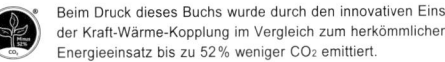 Beim Druck dieses Buchs wurde durch den innovativen Einsatz der Kraft-Wärme-Kopplung im Vergleich zum herkömmlichen Energieeinsatz bis zu 52 % weniger CO_2 emittiert.

In Zusammenarbeit mit dem Bayerischen Fernsehen
mit Lizenz durch die BRW-Service GmbH

Besuchen Sie uns auch im Internet unter www.zsverlag.de

Hans Jörg Bachmeier

Einfach. Gut.
Bachmeier

ZABERT
SANDMANN

Inhalt

Vorwort

Die meisten glauben immer noch: Was Gutes kochen ist nicht so einfach.

Einfach, aber gut? Geht das?

Diese Fragen haben mich vor meiner ersten Sendung im Bayerischen Fernsehen und bei diesem Kochbuch beschäftigt. Und ich darf Ihnen jetzt sagen: Ja, es geht.

Einfach. Gut. Bachmeier. Das ist ein Versprechen, das ich halten werde, großes Ehrenwort. Und damit Ihnen das Einfache auch gut gelingt, habe ich ein paar Tipps für Sie.

Nummer 1: Wer das Gute sucht, sollte nicht so weit gehen. Oft liegt es vor der eigenen Haustür. Einfache Küche, direkt aus der Heimat, aber mit einer zeitgemäßen Interpretation. Besser geht's nicht. Darum nehme ich meistens das, was es vor Ort gibt. Auf dem heimischen Markt gekauft und gleich verwendet, das ist zum einen gut für die Natur, und außerdem weiß man, woher was kommt! Aber bloß keine Ideologie draus machen, denn wer mag schon auf Scampi verzichten, bloß weil sie nicht im Chiemsee rumschwimmen?

Nummer 2: Es gibt nix Besseres als was Unkompliziertes. Einfache Kochtechniken, gutes Essen mit wenigen Zutaten zubereitet – das ist meine Küche.

Und ich verzichte ungern auf Tipp Nummer 3: Immer mit einem Aha-Effekt kochen. Deshalb verrate ich Ihnen gerne den ein oder anderen Trick, damit auch Ihnen daheim alles genauso gelingt wie bei mir in der Küche.

Einfach. Gut. Bachmeier! Das ist Küche mit regionalen Produkten, mit dem Blick über den Tellerrand hinaus – einfach kochen, aber immer mit einem raffinierten Kick.

Viel Spaß beim Nachkochen.

Ihr Hans Jörg Bachmeier

Liebe Leserinnen, liebe Leser,

»Einfach. Gut. Bachmeier.« Das ist einfach ein guter Titel. Einfach, das heißt bei Hans Jörg Bachmeier vor allem engagiert und ehrlich. Ihm geht es beim Kochen immer um die Sache, nicht um den Effekt. Sein Kochstil ist geprägt vom Reiz des Einfachen, des Schlichten, geschmacklich wie ästhetisch. Stets dem Produkt verpflichtet, nicht einem vordergründigen Gag. Und wenn beim Bachmeier was gut ist, dann schmeckt es einfach gut. Hans Jörg hat sich in den vergangenen Jahren so zu einer festen Größe in der Kochwelt entwickelt.

Bitte glauben Sie mir, dass ich mich persönlich ganz besonders darüber freue, denn ich habe diesen Weg aus nächster Nähe miterlebt und begleitet. Deshalb kann ich sehr wohl beurteilen, welche Anstrengungen, Fleiß aber auch Begabung dahinterstecken, ein solches Buch zu schreiben und in der dazugehörigen TV-Serie vor der Kamera zu stehen.

Und halten Sie mich deshalb nicht für vermessen, wenn ich sage: »Bachmeier: Einfach gut!«

Ich wünsche Ihnen mit diesem Buch viel Erfolg am heimischen Herd.

Ihr Eckart Witzigmann

Vorspeisen & Salate

Wenn ein Bayer einen anderen Bayern fragt, was er zum Essen möchte, dann kann es sein, dass die Antwort so ausfällt: »Mach mir doch einfach was Guads!« Einfach und gut – so einfach kann gute Küche sein, und das ist auch mein Motto als bayerischer Koch, der in München lebt und in Niederbayern verwurzelt ist.

Einfach was Guads. Das fängt schon bei den Vorspeisen an. Sie sollen mehr ein leichter Magentratzer und Magenöffner sein, nicht gleich alle Geschmacksnerven erschlagen und nicht so üppig aufgetischt werden wie früher.

Einfache, moderne Küche ist aber auch bewusste Küche, und die wiederum fängt für mich bei den Zutaten an. Fisch, Salate, Gemüse, Fleisch – ich kann Ihnen nur raten: Kaufen Sie was Frisches und geben Sie ruhig ein bisserl mehr dafür aus. Denn ein perfektes Produkt ist immer auch einen höheren Preis wert. Ganz abgesehen davon, dass sie besser schmecken, sind gute Zutaten auch eine gute Investition in sich selber. Der Mensch hat nur eine Gesundheit, und das Essen ist für uns nun mal Benzin und Brennstoff. Nicht umsonst spricht man ja auch von unseren Lebensmitteln.

Wenn man als Koch Respekt vor dem Produkt hat, dann ist das schon die halbe Miete. Denn die Zutaten sind das A & O in der Küche. Und mit denen muss man auch respektvoll umgehen. Dazu gehören das gefühlvolle Garen, gute Gewürze (manchmal tut es vielleicht schon ein Spritzer Zitrone) und Liebe und Hingabe zum Kochen. Denn nur dann schmeckt am Ende alles so, wie es schmecken muss.

Gute Küche ist ein gutes Produkt, mit Respekt und Können zubereitet, ohne seinen Eigengeschmack zu stark zu verändern. So einfach ist das! Aber unglaublich gut.

Kopfsalat
mit Trauben und Artischocke

Zutaten für 4 Personen:

2 Kopfsalate

je 1 kleines Bund Estragon,
Kerbel, Petersilie und Schnittlauch

100 ml Weißweinessig

200 ml Traubenkernöl
(ersatzweise Sonnenblumenöl)

Salz · Pfeffer aus der Mühle

Zucker

100 g helle kernlose Weintrauben

1 mittelgroße Artischocke

Saft von ½ Zitrone

1 EL Olivenöl

Meersalz

1. Von den Kopfsalaten die äußeren Blätter entfernen. Die Salate in die einzelnen Blätter teilen, waschen und trocken schleudern. Die Kräuter waschen und trocken schütteln. Die Estragon-, Kerbel- und Petersilienblätter von den Stielen zupfen, den Schnittlauch in feine Röllchen schneiden oder nach Belieben ganz lassen.

2. Für die Vinaigrette Essig, Öl, je 1 Prise Salz, Pfeffer und Zucker verrühren und die Kräuter untermischen.

3. Die Trauben waschen, abzupfen und halbieren. Von der Artischocke den Stiel sowie die harten Blattspitzen im oberen Teil abtrennen, die verbliebenen Blätter rund um den Artischockenboden abschneiden. Das »Heu« mit einem Teelöffel oder Kugelausstecher herauslösen und den Artischockenboden in feine Scheiben schneiden oder hobeln. Sofort mit dem Zitronensaft und dem Olivenöl marinieren und mit Meersalz würzen.

4. Den Kopfsalat mit der Vinaigrette mischen, auf tiefe Teller verteilen und die Trauben darüberstreuen. Die Artischockenscheiben auf dem Salat verteilen und servieren.

Sommergemüsesalat
mit Bohnendressing

Zutaten für 4 Personen:

Für den Gemüsesalat:

12 kleine Kartoffeln

1 kleines Bund Petersilie

ganzer Kümmel · Salz

2 Karotten · ½ Sellerieknolle

1 Staudensellerie

4 kleine Frühlingszwiebeln

125 g saure Sahne

1 Spritzer Zitronensaft

Cayennepfeffer

je 1 Kopf-, Frisée- und Eichblatt-salatherz

Für das Bohnendressing:

100 g Schwertbohnen
(ersatzweise breite grüne Bohnen)

100 ml Traubenkernöl
(ersatzweise Sonnenblumenöl)

2 – 3 EL Zitronensaft · ½ TL Senf

Salz · Pfeffer aus der Mühle

1. Für den Salat die Kartoffeln waschen. Die Petersilie waschen, trocken schütteln und die Blätter abzupfen. Die Kartoffeln mit den Petersilienstielen und dem Kümmel in einem Topf mit Salzwasser 20 bis 25 Minuten weich garen. Die Kartoffeln abgießen, pellen und halbieren.

2. Die Karotten und den Knollensellerie putzen und schälen. Den Staudensellerie in die einzelnen Stangen teilen und mit den Frühlingszwiebeln putzen und waschen.

3. Die Karotten und die beiden Selleriearten in kochendem Salzwasser im Ganzen etwa 20 Minuten weich blanchieren und in Eiswasser abschrecken. Die Frühlingszwiebeln ebenfalls kurz in kochendem Salzwasser blanchieren und in Eiswasser abschrecken. Einen Teil des Blanchierwassers aufbewahren.

4. Die Gemüse in etwa 2 cm große Stücke schneiden, die Frühlingszwiebeln der Länge nach halbieren. Die saure Sahne glatt rühren und mit Salz, Zitronensaft und Cayenne-pfeffer abschmecken.

5. Für das Dressing die Bohnen putzen, waschen und im Entsafter entsaften. Alternativ die Bohnen im Küchenmixer sehr fein pürieren, in ein Sieb abgießen und den Bohnen-saft auffangen. Den Bohnensaft mit dem Traubenkernöl, dem Zitronensaft, dem Senf, Salz und Pfeffer verrühren. Die Gemüsestücke mit dem Dressing mischen und nach Belieben nachwürzen.

6. Die Blattsalate putzen, waschen und trocken schleudern. Die Salatblätter dekorativ auf Tellern anrichten. Die Gemüse aus der Vinaigrette heben und auf den Salatblättern anrichten. Die saure Sahne darübergeben und mit den grob gezupften Petersilienblät-tern garnieren.

Fenchelsalat
mit Orangen und Garnelen

1. Den Fenchel putzen und waschen. Das Fenchelgrün für die Garnitur beiseitelegen. Die Fenchelknollen in feine Scheiben hobeln oder schneiden. In einer Schüssel mit etwas Meersalz und Zucker mischen und etwa 30 Minuten ziehen lassen.

2. Inzwischen die Garnelen schälen, am Rücken entlang nicht zu tief einschneiden und den Darm entfernen. Die Garnelen waschen, trocken tupfen und längs halbieren.

3. Die Orangen mit einem scharfen Messer so großzügig schälen, dass auch die weiße Haut mit entfernt wird. Die Fruchtfilets aus den Trennhäuten schneiden. Den Thymian waschen und trocken schütteln. Den ungeschälten Knoblauch andrücken. Die Limette heiß waschen und trocken reiben.

4. Die Butter und 1 EL Olivenöl in einer Pfanne erhitzen und die Garnelen mit dem Thymian und dem Knoblauch darin bei mittlerer Hitze anbraten. Etwas Limettenschale darüberreiben. Wenn die Garnelen nach 2 bis 3 Minuten fast gar sind, die Orangenfilets dazugeben und kurz in der Pfanne schwenken.

5. Die Limette halbieren und den Saft auspressen. Etwas Limettensaft, den Pastis, 1 Prise Piment d'Espelette und das restliche Olivenöl unter den Fenchel mischen, gegebenenfalls mit etwas Salz nachwürzen.

6. Etwas vom Bratfett der Garnelen unter den Fenchel mischen. Den Fenchelsalat auf Teller verteilen und die Garnelen mit den Orangenfilets darauf anrichten. Mit dem Fenchelgrün garnieren.

Zutaten für 4 Personen:

2 Fenchelknollen mit Grün

Meersalz

Zucker

12 Garnelen (ohne Kopf, mit Schale)

2 Orangen

1 Zweig Thymian

1 Knoblauchzehe

1 unbehandelte Limette

3 EL Butter

3 EL Olivenöl

1 cl Pastis (franz. Anislikör)

Piment d'Espelette (ersatzweise mildes Chilipulver)

Bachmeiers Tipp:

Wenn Sie den charakteristischen Geschmack des Anislikörs nicht mögen oder wenn Kinder mitessen, können Sie ihn auch problemlos weglassen.

Avocado-Tomaten-Tatar

Zutaten für 4 Personen:

Für die confierten Tomaten:

10 Tomaten (z.B. Oliventomaten)

Olivenöl

Meersalz

Puderzucker

1 Zweig Thymian

Für das Tatar:

2 reife Avocados

Saft von ½ Limette

abgeriebene Schale von
1 unbehandelten Orange

1 Spritzer Champagneressig
(ersatzweise Weißweinessig)

1 Spritzer Chiliöl

2 EL Olivenöl

1 TL Zitronen-Olivenöl

Salz

Cayennepfeffer

Zucker

2 Blätter Minze

1. Für die confierten Tomaten (siehe Tipp) die Tomaten kreuzweise einritzen, überbrühen, kalt abschrecken, häuten, vierteln und entkernen, dabei die Stielansätze entfernen. Das Fruchtfleisch in Würfel schneiden.

2. Den Backofen auf 85 °C vorheizen. Die Tomaten auf ein mit Olivenöl geöltes und mit Meersalz bestreutes Backblech legen und etwas Puderzucker darüberstäuben. Den Thymian waschen und trocken tupfen, die Blättchen abzupfen und über die Tomaten streuen. Die Tomaten im Ofen etwa 3 Stunden trocknen lassen.

3. Für das Tatar die Avocados halbieren, den Stein entfernen und die Hälften schälen. Das Fruchtfleisch in kleine Würfel schneiden und sofort mit dem Limettensaft beträufeln. Die Hälfte der Avocadowürfel in einen hohen Rührbecher geben, mit dem Stabmixer pürieren und nach Belieben durch ein feines Sieb streichen.

4. Die confierten Tomaten aus dem Ofen nehmen. Das Avocadomus, die Avocadowürfel und 1 EL confierte Tomatenwürfel vorsichtig mischen. Die Orangenschale, den Essig und das Chiliöl dazugeben. Die Olivenöle vorsichtig untermischen und alles mit Salz, Cayennepfeffer und 1 Prise Zucker würzen.

5. Die Minzeblätter waschen, trocken tupfen, fein hacken und unter das Avocado-Tomaten-Tatar mischen. Das Tatar mit 2 Esslöffeln zu Nocken formen und auf Tellern anrichten. Frisches Weißbrot dazu reichen.

Bachmeiers Tipp:

»Confierte«, also haltbar gemachte Tomaten lassen sich in Olivenöl eingelegt gut 4 Wochen aufbewahren. Sie schmecken sehr gut in gemischten Salaten. Wenn es etwas schneller gehen soll, können Sie für das Avocado-Tomaten-Tatar auch einfach rohe Tomatenwürfel verwenden.

Gebratener Heilbutt
auf Karotten-Ingwer-Püree

Zutaten für 4 Personen:

Für das Karotten-Ingwer-Püree:

500 g Karotten · 75 g Ingwer

3 EL Butter · 1 EL Honig

Salz · Zimtpulver

100 ml Apfelsaft

1 kleines Stück Chilischote
(entkernt)

Zucker · Cayennepfeffer

Für den Sellerie-Apfel-Salat:

2 Äpfel (z.B. Gravensteiner,
Jonagold)

Saft von 1 Zitrone

1 Staudensellerie · Salz

100 ml Traubenkernöl
(ersatzweise Sonnenblumenöl)

Zucker

Für den Heilbutt:

4 Heilbuttfilets (à 180 g; ohne Haut)

Salz · 1 Zweig Thymian

1 EL Olivenöl · 50 g kalte Butter

1. Für das Püree die Karotten putzen, schälen und in kleine Stücke schneiden. Den Ingwer schälen und in feine Scheiben schneiden. Die Butter in einem Topf erhitzen und die Karotten darin kurz andünsten. Den Honig dazugeben und die Karotten karamellisieren. Den Ingwer hinzufügen, die Karotten mit Salz und Zimt würzen und mit dem Apfelsaft ablöschen.

2. Die Chilischote dazugeben und die Karotten etwa 10 Minuten weich garen. Die Chilischote entfernen und die Karotten mit dem Stabmixer oder im Küchenmixer fein pürieren und nach Belieben durch ein feines Sieb streichen. Das Karottenpüree mit Salz, Zucker und Cayennepfeffer abschmecken und warm halten.

3. Für den Sellerie-Apfel-Salat die Äpfel vierteln, entkernen, schälen und in kleine Würfel schneiden. Mit etwas Zitronensaft beträufeln. Den Sellerie putzen und waschen, das Selleriegrün beiseitelegen. Den Sellerie ebenfalls in feine Würfel schneiden und in kochendem Salzwasser 2 Minuten bissfest blanchieren. In ein Sieb abgießen und abtropfen lassen.

4. Die Äpfel und den Sellerie mischen, das Traubenkernöl hinzugeben und mit Salz, Zucker und dem restlichen Zitronensaft abschmecken.

5. Für den Heilbutt die Fischfilets waschen, trocken tupfen und mit Salz würzen. Den Thymian waschen und trocken tupfen. Das Olivenöl in einer Pfanne erhitzen und den Fisch darin bei mittlerer Hitze auf jeder Seite etwa 3 Minuten braten. Den Thymian und die kalte Butter dazugeben und den Heilbutt mit der zerlassenen Butter beträufeln.

6. Das lauwarme Karotten-Ingwer-Püree auf Tellern anrichten. Den Heilbutt daraufsetzen und mit den Sellerieblättern und nach Belieben etwas Shiso-Kresse garnieren. Den Sellerie-Apfel-Salat mit dem Dressing daneben anrichten.

Marinierte Bachforelle
mit geeister Gurken-Dill-Vinaigrette

Zutaten für 4 Personen:

2 Bachforellenfilets (à ca. 400 g)

Salz · Zucker

Saft von 1 Zitrone

2 EL Weißweinessig

5 EL Olivenöl

2 Salatgurken

Cayennepfeffer

1 Bund Dill

2 vorwiegend festkochende Kartoffeln

Öl zum Frittieren

100 g saure Sahne

1. Die Bachforellenfilets schräg in feine Scheiben schneiden und in eine flache Schale legen. Den Fisch mit etwas Salz und Zucker bestreuen, mit dem Zitronensaft, 1 EL Essig und 3 EL Olivenöl beträufeln und beiseitestellen.

2. Die Gurken putzen, waschen, schälen und der Länge nach halbieren. Die Kerne mit einem Löffel entfernen. Eine Gurke in grobe Würfel schneiden und mit Salz und 1 Prise Zucker im Küchenmixer 10 Minuten fein pürieren. Das restliche Olivenöl unterrühren und das Püree mit dem übrigen Essig, Salz, Zucker und Cayennepfeffer abschmecken.

3. Die zweite Gurke in kleine Würfel schneiden, kurz in kochendem Wasser blanchieren, abgießen, kalt abschrecken und in die Gurkenvinaigrette geben. Den Dill waschen, trocken schütteln, die Spitzen abzupfen, grob hacken und untermischen. Die Vinaigrette im Kühlschrank auf Eis kalt stellen.

4. Die Kartoffeln schälen, waschen und in sehr feine Streifen hobeln oder schneiden. Das Öl in einem Topf oder in der Fritteuse auf 180 °C erhitzen – es ist heiß genug, wenn sich an einem hineingehaltenen Holzlöffelstiel Blasen bilden. Die Kartoffelstreifen darin goldgelb ausbacken. Mit dem Schaumlöffel herausheben und auf Küchenpapier abtropfen lassen. Das »Kartoffelstroh« mit Salz würzen.

5. Die marinierte Bachforelle auf Teller verteilen und die sehr kalte Gurkenvinaigrette darübergeben. Die saure Sahne glatt rühren, die Forelle damit beträufeln und nach Belieben mit je 1 TL Forellenkaviar garnieren. Das Kartoffelstroh großzügig über dem Fisch verteilen.

Bachmeiers Tipp:

Wenn Sie keine rohe Bachforelle mögen, können Sie statt der Forelle auch einen Graved Lachs oder Räucherlachs verwenden. Diesen müssen Sie dann natürlich nicht marinieren.

1 7

Gebeizte Renke
mit Rote-Bete-Tatar und Sauerrahm

Zutaten für 4 Personen:

Für die Renke:

je 3 Stiele Dill und Koriander

3 Zweige Thymian

1 TL Korianderkörner

1 Sternanis · 4 – 5 Wacholderbeeren

1 TL Rosa Pfefferbeeren

abgeriebene Schale von
1 unbehandelten Zitrone

50 g Salz · 100 g Zucker

4 Renkenfilets (à 100 g; mit Haut)

Olivenöl

Für das Rote-Bete-Tatar:

4 frische Rote Beten (ersatzweise
vorgegart und vakuumiert)

Meersalz · 1 Schalotte

4 Cornichons · 2 TL Kapern

1 TL Worcestershiresauce

1 TL Sherry-Essig

1 EL Mayonnaise

Salz · Pfeffer aus der Mühle

Zucker · 1 TL Schnittlauchröllchen

Außerdem:

100 g saure Sahne

1. Für die Renke die Kräuter waschen und trocken schütteln. Die Spitzen bzw. die Blätter abzupfen. Die Kräuter, die Gewürze und die Zitronenschale im Mixer fein pürieren. Salz und Zucker mischen.

2. Die Fischfilets waschen, trocken tupfen und mit der Gewürzmischung bestreichen. In eine flache Form legen, mit der Mischung aus Salz und Zucker bestreuen und zugedeckt im Kühlschrank 24 Stunden ziehen lassen.

3. Für das Tatar den Backofen auf 200 °C vorheizen. Die Roten Beten putzen, waschen und nicht abtrocknen. Die Knollen auf je einen Bogen Alufolie setzen, mit Meersalz bestreuen und einwickeln. In eine ofenfeste Form setzen und im Ofen auf der mittleren Schiene etwa 1 ½ Stunden garen (bei vorgegarten Roten Beten entfällt dieser Schritt).

4. Die weichen Roten Beten aus der Folie nehmen und schälen. Etwas auskühlen lassen und in grobe Würfel schneiden. Die Schalotte schälen und in feine Würfel schneiden. Die Cornichons und die Kapern fein hacken.

5. Die Roten Beten mit der Schalotte, den Cornichons, den Kapern, Worcestershiresauce und Essig im Küchenmixer fein zerkleinern, aber nicht pürieren.

6. Die Masse aus dem Mixer nehmen, in einer Schüssel mit der Mayonnaise verrühren und mit Salz, Pfeffer und Zucker abschmecken. Die Schnittlauchröllchen dazugeben und vorsichtig unterrühren.

7. Die Renke aus der Beize nehmen und diese entfernen. Das Renkenfleisch schräg in feinen Scheiben von der Haut schneiden. Die Fischscheiben auf Tellern anrichten und mit etwas Olivenöl beträufeln. Mit einem Esslöffel Nocken vom Rote-Bete-Tatar abstechen und auf der Renke anrichten. Die saure Sahne glatt rühren und über das Tatar und die Renke träufeln. Nach Belieben mit Kresse garnieren.

Saibling
mit mariniertem Radi und Meerrettich

Zutaten für 4 Personen:

Für den Saibling:

4 Saiblingsfilets (à ca. 80 g; mit Haut)

1 EL Butter

Salz · Pfeffer aus der Mühle

Für den marinierten Radi:

1 weißer Rettich · Salz

1 EL Rosa Pfefferbeeren

2 EL Traubenkernöl (ersatzweise Sonnenblumenöl)

1 EL Olivenöl · 1 EL Weißweinessig

Pfeffer aus der Mühle · Zucker

1 EL Schnittlauchröllchen

Außerdem:

1 Stück Meerrettich

1. Für den Fisch den Backofen auf 80 °C vorheizen. Die Saiblingsfilets waschen, trocken tupfen und, falls nötig, entgräten (siehe Tipp). Einen großen Teller mit der Butter bestreichen und mit Salz und Pfeffer würzen. Die Saiblingfilets darauflegen und mit Frischhaltefolie bedecken.

2. Die Filets im Ofen auf der mittleren Schiene 15 bis 20 Minuten garen. Der Fisch ist fertig, wenn er auf leichten Druck etwas nachgibt.

3. Inzwischen für den marinierten Radi den Rettich putzen, schälen und in feine längliche Scheiben schneiden oder auf der Gemüsereibe hobeln. In eine Schüssel geben und leicht mit Salz würzen. Die Rosa Pfefferbeeren durch ein feines Sieb drücken und über den Rettich streuen.

4. Für die Vinaigrette die beiden Ölsorten und den Essig verrühren und mit Salz, Pfeffer und Zucker würzen. Die Vinaigrette über den Rettich geben und etwas ziehen lassen.

5. Den marinierten Rettich auf Teller verteilen, den Saibling darauf anrichten und jeweils noch mal 1 Scheibe Rettich auf den Fisch legen. Mit etwas Vinaigrette beträufeln und die Schnittlauchröllchen darüberstreuen. Den Meerrettich schälen, mit der Gemüsereibe über den Saibling reiben und servieren.

Bachmeiers Tipp:

Um Fischfilets wirklich absolut grätenfrei zu bekommen, gibt es einen guten Trick: Wenn man das Filet über eine große, umgedrehte Glasschüssel legt, spreizen sich die Gräten durch die Wölbung der Schüssel heraus und lassen sich so leicht mit einer Pinzette entfernen.

Roh marinierter Wildlachs
auf Sauerampfercreme

1. Den Sauerampfer verlesen und waschen, die Blätter abzupfen. Die Blätter mit der sauren Sahne im Küchenmixer fein pürieren, bis die Creme eine intensive grüne Farbe hat. Die Creme mit Salz, Zucker und etwas Zitronensaft würzen.

2. Den Salat und den Rucola verlesen, waschen und trocken schütteln. Grobe Stiele entfernen und die Blätter in mundgerechte Stücke zupfen.

3. Den Lachs waschen, trocken tupfen und in etwa ½ cm dicke Scheiben schneiden.

4. Die Sauerampfercreme dünn auf Tellern verteilen. Den in Scheiben geschnittenen Lachs darauf verteilen, mit etwas Olivenöl und Zitronensaft beträufeln und mit Fleur de Sel würzen. Den Wildlachs nach Belieben mit etwas Tobiko (Fliegenfischrogen, ersatzweise Forellen- oder Lachskaviar) und den Salatblättern garnieren und servieren.

Zutaten für 4 Personen:

50 g Sauerampfer

200 g saure Sahne

Salz · Zucker

Zitronensaft

je 1 Handvoll Friséesalat und Rucola

400 g Wildlachsfilet (Sushi-Qualität; ohne Haut)

Olivenöl

Fleur de Sel

Jakobsmuscheln
mit Couscous und Teriyaki-Sauce

Zutaten für 4 Personen:

1 l Hühnerbrühe

120 g Couscous

1 unbehandelte Limette

4 Radieschen

1 Bund Schnittlauch

Salz · Pfeffer aus der Mühle

Zucker

Piment d'Espelette
(oder Cayennepfeffer)

Weißweinessig

2 Schuss Teriyaki-Sauce

1 Rettich

2 EL Olivenöl

Mirin (jap. Reiswein)

8 Jakobsmuscheln
(ausgelöst, ohne Corail)

1. Die Brühe in einem Topf zum Kochen bringen. Den Couscous in eine Schüssel geben, mit der heißen Brühe übergießen und 5 Minuten quellen lassen.

2. Die Limette heiß waschen und trocken reiben. Die Radieschen putzen und waschen. Zuerst in Scheiben, dann in feine Würfel schneiden. Den Schnittlauch waschen, trocken schütteln und in feine Röllchen schneiden.

3. Den Schnittlauch mit den Radieschen unter den Couscous mischen. Den Couscous mit Salz, Pfeffer, 1 Prise Zucker, Piment d'Espelette und Essig abschmecken. Die Hälfte der Limettenschale darüberreiben, 1 Schuss Teriyaki-Sauce untermischen und den Couscous weitere 5 Minuten ziehen lassen.

4. Den Rettich putzen, schälen und der Länge nach in feine Streifen schneiden. Mit Salz, 1 EL Olivenöl, Mirin und Essig würzen und ebenfalls ziehen lassen.

5. Die Jakobsmuscheln waschen und trocken tupfen. In einer Pfanne das restliche Olivenöl erhitzen und die Jakobsmuscheln darin bei mittlerer Hitze auf jeder Seite 1 Minute anbraten. Mit 1 Schuss Teriyaki-Sauce ablöschen und kurz ziehen lassen.

6. Auf vier längliche Teller oder Platten je 1 Rettichstreifen legen und jeweils etwas Couscous darauf verteilen. Einen weiteren Rettichstreifen darauflegen und den Vorgang wiederholen, mit einer Lage Couscous abschließen. Die Jakobsmuscheln daneben anrichten und nach Belieben mit etwas Teriyaki-Sauce und Dill garnieren.

Bachmeiers Tipp:

Zum Anrichten können Sie den Couscous auch portionsweise auf die Teller verteilen – z.B. mithilfe eines Metallrings – und die Rettichstreifen danebenlegen.

Kalbszungensalat
mit Sellerie und schwarzem Trüffel

Zutaten für 4 – 6 Personen:

1 gepökelte Kalbszunge (ca. 400 g;
beim Metzger vorbestellen)

150 g Knollensellerie

100 g Staudensellerie

Salz · Zucker

50 g Butter

3 EL milder Champagneressig
(ersatzweise Weißweinessig)

100 ml Traubenkernöl
(ersatzweise Sonnenblumenöl)

100 ml Trüffelfond (aus dem Fein-
kostladen; ersatzweise Pilzfond)

Cayennepfeffer

frisch geriebene Muskatnuss

Zucker

2 Schalotten

200 g Champignons

200 g gepresster Kalbskopf in feinen
Würfeln (in einer Terrinenform)

1 Handvoll Kerbel und Petersilie

frischer schwarzer (Perigord-)Trüffel

1. Die Kalbszunge häuten und der Länge nach auf der Aufschnittmaschine in feine Scheiben schneiden.

2. Den Knollensellerie putzen und schälen, den Staudensellerie putzen, waschen und nach Belieben die feinen Blättchen für die Garnitur beiseitelegen. Die beiden Sellerie-sorten in etwa ½ cm große Würfel schneiden.

3. Die Selleriewürfel in einen Dämpfeinsatz geben. In den passenden Dämpftopf wenig Wasser einfüllen und den Dämpfeinsatz hineinstellen. Den Sellerie mit Salz und Zucker würzen. Die Hälfte der Butter in kleine Stücke schneiden und darüber verteilen. Den Sellerie bei mittlerer Hitze etwa 12 Minuten bissfest dämpfen.

4. Den Garsud auf etwa 100 ml einkochen lassen. Mit dem Essig, dem Traubenkernöl und dem Trüffelfond verrühren. Mit Salz, Cayennepfeffer, Muskatnuss und 1 Prise Zu-cker abschmecken. Die Kalbszungenscheiben und die Selleriewürfel darin einlegen, lauwarm stellen und ziehen lassen.

5. Die Schalotten schälen und in feine Würfel schneiden. Die Champignons putzen, tro-cken abreiben und in kleine Würfel schneiden. Die restliche Butter in einem Topf erhit-zen und die Schalotten darin bei schwacher Hitze andünsten. Die Pilze dazugeben und mitdünsten. Mit Salz, Pfeffer und Cayennepfeffer wurzen. Den Kalbskopf dazugeben und langsam schmelzen lassen. Nach Belieben etwas gehackte Petersilie hinzufügen.

6. Den Kalbskopf auf lauwarm vorgewärmte Teller verteilen und die Zunge darauf an-richten. Den Selleriesalat über die Zunge geben, mit den frischen Kräutern garnieren und etwas Trüffel darüberhobeln.

Linsensalat
mit geräucherter Gänsebrust

1. Die Linsen in einem Topf mit reichlich Wasser bei schwacher Hitze etwa 20 Minuten bissfest garen. Die Linsen in ein Sieb abgießen, gut abtropfen lassen und in eine Schüssel geben.

2. Die Zwiebel schälen und in feine Würfel schneiden. Den Sellerie und die Karotten putzen und waschen bzw. schälen und ebenfalls in kleine Würfel schneiden. Die Gemüsewürfel in kochendem Salzwasser 2 Minuten bissfest blanchieren. In ein Sieb abgießen, abtropfen lassen und zu den Linsen geben.

3. Für das Dressing 2 EL Essig mit etwas Salz verrühren, dann das Olivenöl und 1 Prise Pfeffer unterrühren. Mit den Linsen mischen.

4. Den Zucker mit dem restlichen Essig in einer kleinen Pfanne karamellisieren, mit 1 EL Wasser ablöschen und unter die Linsen rühren.

5. Die Radieschen putzen, waschen und in dünne Scheiben schneiden. Den Linsensalat auf Teller verteilen und je 4 Scheiben geräucherte Gänsebrust darauf anrichten. Mit Radieschenscheiben und Schnittlauchröllchen garnieren.

Zutaten für 4 Personen:

100 g Berglinsen

½ weiße Zwiebel

4 kleine Stangen Staudensellerie

2 Karotten

Salz

4 EL Aceto balsamico

3 EL Olivenöl

Pfeffer aus der Mühle

1 EL Zucker

4 Radieschen

16 Scheiben geräucherte Gänsebrust

1 EL Schnittlauchröllchen

Bachmeiers Tipp:

Für eine besonders schöne Deko 2 kleine Lauchstangen putzen, waschen, in kochendem Salzwasser blanchieren und in Eiswasser abschrecken. Die Lauchstangen längs halbieren und von der grünen Seite zum Wurzelansatz hin mehrmals einschneiden. Neben dem Linsensalat anrichten. Nach Belieben können Sie den Salat zusätzlich mit 2 EL frittierten dünnen Kartoffelstreifen garnieren.

Spargelsalat mit Radieserl,
Mayonnaise und Kalbssteak

Zutaten für 4 Personen:

Für den Spargelsalat:

800 g weißer Spargel

½ unbehandelte Zitrone

Salz · 1 TL Zucker

1 EL Rosinen

40 g Mandelstifte

1 EL Sherryessig

2 EL Öl · 1 EL Walnussöl

Salz · Pfeffer aus der Mühle

Zucker · 4 Radieschen

1 Bund Schnittlauch

Für die Mayonnaise:

1 Ei · 1 Eigelb

1 EL Senf · 170 ml Öl

3 EL Walnussöl

Salz · Cayennepfeffer

Zucker

Außerdem:

600 g Kalbsrücken (Lende)

Salz · 1 EL Öl

1. Für den Spargelsalat den Spargel schälen, holzige Enden abschneiden. Je ein Viertel der Spargelstangen mit Küchengarn zusammenbinden. Die Zitrone auspressen. In einem großen Topf reichlich Salzwasser mit dem Zucker, dem Zitronensaft und der ausgepressten Zitrone aufkochen. Den Spargel dazugeben. Den Topf vom Herd nehmen und den Spargel 20 bis 25 Minuten gar ziehen lassen.

2. Vom Spargelsud etwas abnehmen und die Rosinen darin einlegen. Die Mandelstifte in einer Pfanne ohne Fett hellbraun anrösten und beiseitestellen.

3. Für die Mayonnaise das Ei und das Eigelb, den Senf und beide Ölsorten in einen hohen Rührbecher geben und 10 Minuten stehen lassen, damit alle Zutaten dieselbe Temperatur haben. Mit dem Stabmixer vorsichtig von unten nach oben ziehen, bis die Mayonnaise dick gebunden hat. Mit etwas Spargelsud auf die gewünschte Konsistenz bringen und mit Salz, Cayennepfeffer und 1 Prise Zucker abschmecken. Kühl stellen.

4. Den Essig und die Öle verrühren und mit Salz, Pfeffer und Zucker abschmecken. Die Mandeln und die Rosinen mit dem Spargelsud in die Vinaigrette legen.

5. Die Radieschen putzen, waschen, erst in Scheiben und dann in Stifte schneiden. Den Schnittlauch waschen, trocken schütteln und in feine Röllchen schneiden. Schnittlauch und Radieschen mit etwas Vinaigrette mischen. Den Spargel im restlichen Spargelsud nochmals erhitzen.

6. Den Backofen auf 185 °C vorheizen. Ein Ofengitter auf die mittlere Schiene und darunter ein Abtropfblech schieben. Das Kalbfleisch mit der Hand etwas flacher drücken und mit Salz würzen. Das Öl in einer Pfanne erhitzen und das Fleisch darin bei mittlerer Hitze rundum anbraten. Das Fleisch aus der Pfanne nehmen und auf dem Gitter im Ofen 10 Minuten garen.

7. Den erwärmten Spargel auf Teller verteilen und mit der Mandel-Rosinen-Vinaigrette marinieren. Die Hälfte der Radieschen-Schnittlauch-Mischung darübergeben.

8. Das Fleisch herausnehmen und in 4 Scheiben schneiden. Die Steaks neben dem Spargel anrichten und mit der restlichen Radieschen-Schnittlauch-Mischung beträufeln. Die Mayonnaise dazu reichen.

Kaninchensalat
mit marinierten Artischocken

Zutaten für 4 Personen:

Für den Kaninchensalat:

je 1 Zweig Thymian und Rosmarin

2 Knoblauchzehen

1 Kaninchen (ca. 1,2 kg; vom Metzger zerteilen lassen; mit Innereien)

Salz · Pfeffer aus der Mühle

2 EL Olivenöl

3 EL Butter

4 große Artischocken

Saft von 1 Zitrone

1 EL Öl

1 kleiner Kopfsalat

Für die Vinaigrette:

4 EL Aceto balsamico

½ TL Zucker

Salz · weißer Pfeffer aus der Mühle

1 EL Sultaninen

1 TL gehackte Kapern

1 EL geröstete Pinienkerne

80 ml Olivenöl

1. Für den Salat die Kräuter waschen, trocken tupfen und die Blättchen bzw. Nadeln abzupfen und fein hacken. Den Knoblauch schälen und in feine Würfel schneiden. Das Kaninchen waschen und trocken tupfen, die Innereien beiseitelegen. Die Fleischstücke mit Salz und Pfeffer würzen. In einer Schüssel mit Kräutern, Knoblauch und Olivenöl mischen und etwa 1 Stunde bei Zimmertemperatur ziehen lassen.

2. Den Backofen auf 210 °C vorheizen. In einem kleinen Bräter 2 EL Butter erhitzen und die Kaninchenteile darin bei mittlerer Hitze rundum anbraten. Im Ofen auf der mittleren Schiene zugedeckt 25 bis 30 Minuten garen, dabei mehrmals mit dem eigenen Saft begießen und, falls nötig, den Bratensatz mit etwas Wasser lösen.

3. Für die Vinaigrette den Essig mit Zucker, Salz und Pfeffer verrühren. Sultaninen, Kapern und Pinienkerne dazugeben. Das Olivenöl in einem dünnen Strahl unterschlagen und die Vinaigrette kühl stellen.

4. Von den Artischocken die Stiele sowie die harten Blattspitzen im oberen Teil abtrennen, die verbliebenen Blätter rund um die Artischockenböden abschneiden. Das »Heu« mit einem Teelöffel oder Kugelausstecher herauslösen. Die Artischockenböden mit Zitronensaft beträufeln und in Scheiben schneiden. Das Öl in einer Pfanne erhitzen und die Artischocken darin bei mittlerer Hitze 5 bis 6 Minuten braten. Mit Salz und Pfeffer würzen und noch warm in die vorbereitete Vinaigrette geben.

5. Vom Kopfsalat die äußeren Blätter entfernen. Den Salat in die einzelnen Blätter teilen, waschen, trocken schleudern und in mundgerechte Stücke zupfen.

6. Das Kaninchenfleisch von den Knochen lösen und in Stücke schneiden. Mit etwas Vinaigrette beträufeln. Die Innereien waschen, trocken tupfen und in der restlichen Butter 4 bis 5 Minuten braten. Mit Salz und Pfeffer würzen.

7. Den Kopfsalat auf Teller verteilen und die Artischockenscheiben daraufgeben. Das marinierte, noch lauwarme Kaninchenfleisch und die Innereien außen herum verteilen und mit der Vinaigrette beträufeln. Dazu passt am besten frisches Baguette.

Schinkenkipferl
mit Feldsalat und Kartoffeldressing

1. Für die Kipferl die Schalotte schälen, die Champignons putzen und trocken abreiben. Schalotte, Pilze und Schinken in kleine Würfel schneiden.

2. Die Butter in einer Pfanne erhitzen und die Schalotte, die Pilze und den Schinken darin so lange dünsten, bis keine Flüssigkeit mehr vorhanden ist. Die Mischung auf einem Sieb abtropfen lassen und in eine Schüssel geben. Die Kapern und die Sardelle hacken und dazugeben. Den Panko und 1 Eigelb untermischen und die Füllung mit Salz und Pfeffer würzen. Kühl stellen.

3. Für den Salat die Kartoffeln schälen, waschen und in kochendem Salzwasser 20 bis 25 Minuten weich garen. Die Kartoffeln abgießen und durch die Kartoffelpresse in eine Schüssel drücken. Erst die Brühe, dann den Essig und das Öl mit dem Schneebesen unterrühren. Die Schalotte schälen und in feine Würfel schneiden. Untermischen und das Dressing mit Salz und Pfeffer würzen. Den Feldsalat verlesen, waschen und trocken schleudern.

4. Den Backofen auf 220 °C vorheizen. Den Blätterteig dünn ausrollen und in Dreiecke von etwa 5 cm Kantenlänge schneiden. Mit der Füllung bestreichen, aufrollen und zu Kipferln (Hörnchen) biegen. Das übrige Eigelb mit etwas Wasser verquirlen und die Kipferl damit bestreichen. Die Kipferl auf einem mit Backpapier belegten Backblech im Ofen auf der mittleren Schiene etwa 12 Minuten goldgelb backen.

5. Den Feldsalat bündelweise am Stiel fassen, durch die Vinaigrette ziehen und wieder etwas abschütteln. Auf Tellern anrichten und die Schinkenkipferl dazu servieren.

Zutaten für 4 Personen:

Für die Schinkenkipferl:

1 Schalotte · 40 g Champignons

40 g Schinken · 2 EL Butter

1 TL Kapern · 1 Sardelle

2 EL Panko (asiat. Paniermehl)

2 Eigelb

Salz · Pfeffer aus der Mühle

450 g Blätterteig

Für den Salat:

150 g mehligkochende Kartoffeln

Salz · 150 ml Hühnerbrühe

4 EL Sherry-Essig

4 EL Olivenöl · 1 Schalotte

Pfeffer aus der Mühle

100 g Feldsalat

Bachmeiers Tipp:

Ohne Salat passen die Schinkenkipferl prima zum Aperitif. Für eine vegetarische Variante lassen Sie den Schinken und die Sardelle einfach weg und verwenden stattdessen mehr Champignons.

Suppen & Eintöpfe

Heimat ist da, wo man daheim ist. Und ich bin in der bayerischen Küche daheim. Genauer gesagt ursprünglich in der niederbayerischen. In Eggenfelden bin ich aufgewachsen, und beim Kochen habe ich viel von meiner Großmutter gelernt und später auch bei meiner Lehre im elterlichen Betrieb. Noch heute lasse ich mich von meiner Heimat und Omas Rezepten inspirieren. Ein gutes Beispiel ist meine Blaukrautsuppe. Auf die bin ich gekommen, weil ich mich an die Sauerkrautsuppe meiner Großmutter erinnert habe.

Natürlich darf man die alten Rezepturen nicht eins zu eins übernehmen, sondern muss sie zeitgemäß neu interpretieren. Und so ist mit meiner Blaukrautsuppe ein modernes Rezept entstanden, das zwar in der Heimat verankert, aber allein schon optisch mit den intensiven Blau- und Pinktönen der Suppe etwas ganz Neues ist.

Schwammerl, Topinambur, Spinat, Spargel – aber bitte alles zu seiner Zeit. Die alten Rezepte waren ja darauf ausgerichtet dass es zu einem bestimmten Zeitpunkt eben nur bestimmte Produkte gegeben hat. Und nicht immer alles jederzeit – so wie heutzutage. An saisonale Gerichte sind wir ja auch gewöhnt. Das merkt man, wenn man im Herbst plötzlich Lust auf Schwammerl oder im Frühjahr Bock auf frischen Spargel bekommt. Der Körper weiß schon, wann er was braucht. Und er hat gelernt, wann es was gibt und wann ihm was guttut.

Sich mit den Jahreszeiten zu ernähren ist schon wichtig, aber auf der anderen Seite sollte man daraus auch keine Religion machen. Wir alle wollen doch das Leben und das Essen genießen. Und Genuss darf manchmal grenzenlos sein.

Joghurt-Gurken-Gazpacho

Zutaten für 4 Personen:

200 g Salatgurke

1 Avocado

1 Knoblauchzehe

10 g Ingwer

1 Bund Minze

250 g Joghurt

200 ml Milch

5 EL Sherry-Essig

2 EL Tamarindenpüree (aus dem Asienladen)

3 EL Olivenöl

Salz

Piment d'Espelette

1. Die Gurke schälen, der Länge nach halbieren und mit einem Löffel die Kerne entfernen. Das Fruchtfleisch in grobe Würfel schneiden. Die Avocado halbieren und den Stein entfernen. Die Avocadohälften schälen, das Fruchtfleisch in grobe Stücke schneiden.

2. Den Knoblauch und den Ingwer schälen und fein hacken. Die Minze waschen und trocken schütteln. Die Blätter abzupfen und fein hacken.

3. Gurke, Avocado, Knoblauch, Ingwer und Minze in den Küchenmixer geben. Den Joghurt, die Milch, den Essig, das Tamarindenpüree und das Olivenöl hinzufügen und alles 5 Minuten pürieren. Mit Salz und 1 Prise Piment d'Espelette würzen.

4. Die Joghurt-Gurken-Gazpacho mindestens 2 Stunden kühl stellen. Vor dem Servieren nochmals mit Salz und Piment d'Espelette abschmecken. Die Gazpacho in tiefe Teller verteilen und nach Belieben mit Minzeblättern garniert servieren.

Bachmeiers Tipp:

Gazpacho ist eine Gemüsesuppe, die immer kalt serviert wird. Man kann sie aus verschiedenen Gemüsesorten herstellen (siehe auch rechts). Diese Variante hier ist besonders erfrischend, und durch die Avocado erhält die Suppe eine tolle Bindung! Wer kein Tamarindenpüree bekommt kann die Gazpacho natürlich auch ohne zubereiten – sie schmeckt trotzdem hervorragend!

Gazpacho andaluz

1. Die Gurken schälen, der Länge nach halbieren und mit einem Löffel die Kerne entfernen. Das Fruchtfleisch in grobe Würfel schneiden. Die Tomaten waschen, vierteln und entkernen, dabei die Stielansätze entfernen.

2. Die Paprikaschoten längs halbieren, entkernen, waschen und in kleine Stücke schneiden.

3. Das vorbereitete Gemüse mit den Dosentomaten in den Küchenmixer geben und mit Salz und Pfeffer würzen. Den Essig und das Olivenöl hinzufügen und alles mindestens 10 Minuten pürieren, bis eine homogene Masse entstanden ist.

4. Die Suppe in eine Schüssel füllen. Das Basilikum waschen und trocken schütteln. Mit dem Knoblauch zur Suppe geben, unterrühren und im Kühlschrank 5 bis 6 Stunden abgedeckt ziehen lassen.

5. Die Suppe durch ein feines Sieb passieren und nochmals mit Salz, Pfeffer, Essig, Olivenöl, Cayennepfeffer und Zucker abschmecken.

6. Die Suppe in tiefe Teller verteilen. Paprika-, Essiggurken-, Salatgurken- und Zwiebelwürfel, Croûtons und Kräuter darüberstreuen und die Gazpacho servieren.

Zutaten für 4 Personen:

300 g kleine Gärtnergurken

300 g vollreife Tomaten

300 g rote Paprikaschoten

1 kleine Dose Tomaten
(240 g Abtropfgewicht)

Salz · Pfeffer aus der Mühle

1 Spritzer Estragonessig

1 EL Olivenöl

1 Bund Basilikum

1 angedrückte Knoblauchzehe

Cayennepfeffer

Zucker

Außerdem:

je 2 EL rote und grüne Paprikaschote, Essiggurke, Salatgurke und Zwiebel (in feinen Würfeln)

4 EL Brotcroûtons

2–3 EL gehackte gemischte Kräuter
(z.B. Estragon, Petersilie, Kerbel, Basilikum)

Bachmeiers Tipp:

Wer die Suppe etwas schärfer möchte, kann auch eine Chilischote mit dem Basilikum und dem Knoblauch dazugeben und in der Gazpacho ziehen lassen.

Blaukrautsuppe
mit geräuchertem Forellenfilet

Zutaten für 4 – 6 Personen:

500 g Rotkohl

Salz

100 ml Rotweinessig

1 frisch geräucherte Forelle
(vom Fischhändler; ersatzweise
aus dem Kühlregal)

1 Zwiebel

1 säuerlicher Apfel

1 EL Gänseschmalz

1 – 2 EL Zucker

Saft und Schale von 1 unbehandelten Orange

1 EL Orangenmarmelade

3 EL Preiselbeeren (aus dem Glas;
ersatzweise Preiselbeerkonfitüre)

100 ml Rotwein

½ Zimtstange

1 Gewürznelke

1 Lorbeerblatt

1 l Hühnerbrühe

100 g Sahne

Cayennepfeffer

1 – 2 EL saure Sahne

1. Vom Rotkohl die äußeren Blätter entfernen, den Kohl vierteln und den harten Strunk entfernen. Den Kohl in feine Streifen in eine Schüssel hobeln und mit 1 TL Salz würzen. Den Essig dazugeben und den Kohl mindestens 5 Stunden oder über Nacht marinieren.

2. Die Forelle aus dem Kühlschrank nehmen und auf ein Brett legen und Zimmertemperatur annehmen lassen. Die Zwiebel schälen und in feine Würfel schneiden. Den Apfel vierteln, schälen, entkernen und in kleine Würfel schneiden. Das Schmalz in einem Topf erhitzen. Die Zwiebel und den Apfel darin andünsten. Den Kohl dazugeben und kurz mitdünsten. Den Zucker dazugeben und karamellisieren. Mit Orangensaft ablöschen.

3. Die Orangenmarmelade und 2 EL Preiselbeeren zum Kohl geben und mit dem Wein ablöschen. Orangenschale, Zimt, Gewürznelke und Lorbeerblatt in ein Gewürzsäckchen oder einen Einwegteebeutel füllen und dazugeben. Mit der Brühe aufgießen und den Kohl zugedeckt bei mittlerer Hitze etwa 30 Minuten weich garen.

4. Die Gewürze wieder entfernen. Die Suppe im Küchenmixer oder mit dem Stabmixer pürieren und nach Belieben durch ein feines Sieb passieren. Die Sahne dazugeben und die Suppe nochmals aufkochen lassen. Mit dem Stabmixer kurz aufmixen.

5. Die Forelle filetieren, Haut und Gräten entfernen. Das Fleisch in Stücke zupfen und in vorgewärmte tiefe Teller verteilen. Die Blaukrautsuppe mit Salz und Cayennepfeffer abschmecken und um die Filets gießen. Mit Preiselbeeren und saurer Sahne garnieren.

Sauerkrautsuppe

Zutaten für 4 Personen:

50 g Staudensellerie

100 g Champignons

250 g Schalotten

1 Knoblauchzehe

50 ml Öl

1 TL Senfkörner

5 schwarze Pfefferkörner

400 ml Weißwein

50 ml weißer Portwein

1 l Hühnerbrühe

½ Lorbeerblatt

400 g Sahne

300 g Sauerkraut

Salz · Zucker

etwas Limettensaft

1. Den Sellerie putzen und waschen. Die Champignons putzen und, falls nötig, mit Küchenpapier trocken abreiben. Beides in etwa 1 cm große Würfel schneiden. Die Schalotten und den Knoblauch schälen und in feine Würfel schneiden.

2. In einem Topf das Öl erhitzen und die Zwiebeln und den Knoblauch darin bei mittlerer Hitze andünsten. Die Senf- und Pfefferkörner im Mörser etwas andrücken, zum Gemüse geben und kurz mitdünsten. Mit dem Weißwein und dem Portwein ablöschen und die Flüssigkeit vollständig einkochen lassen.

3. Die Brühe angießen, das Lorbeerblatt dazugeben und die Brühe auf zwei Drittel einkochen lassen. Dann die Sahne hinzufügen und die Suppe bei schwacher Hitze weitere 10 Minuten köcheln lassen.

4. Die Suppe durch ein Sieb in einen Topf gießen und das Gemüse gut ausdrücken. Das Sauerkraut dazugeben und die Suppe mit dem Stabmixer oder im Küchenmixer fein pürieren.

5. Die Sauerkrautsuppe nochmals aufkochen und mit Salz, 1 Prise Zucker und etwas Limettensaft abschmecken. In vorgewärmte tiefe Teller verteilen und servieren.

Variante 1:
Für eine Sauerkrautsuppe mit Blutwurst 160 g Blutwurst in etwa 1 cm dicke Scheiben schneiden. In einer Pfanne 1 TL Öl erhitzen und die Blutwurstscheiben darin auf beiden Seiten kurz anbraten. Die gebratenen Blutwurstscheiben zum Schluss als Einlage in die Suppe geben.

Variante 2:
Für eine Sauerkrautsuppe mit Lyoner 160 g Lyoner mit der Haut in etwa 1 cm dicke Scheiben schneiden. In einer Pfanne 1 TL Öl erhitzen und die Wurstscheiben anbraten, bis sich die Scheiben wölben. Die Lyoner in der Sauerkrautsuppe anrichten.

Erbsensuppe mit Speck
nach Klaus Rohleder

1. Die Schalotte schälen und in feine Würfel schneiden. In einem Topf 4 EL Butter erhitzen und die Schalotte darin glasig dünsten. Die Erbsen hinzufügen, den Fond dazugießen und 10 Minuten bei schwacher Hitze köcheln lassen.

2. Den Speck in einer Pfanne ohne Fett auslassen. Das Weißbrot nach Belieben entrinden, in Würfel schneiden und im Speckfett bei mittlerer Hitze goldbraun braten.

3. Die Erbsen mit dem Stabmixer pürieren und nach Belieben durch ein feines Sieb passieren. Die Suppe nochmals aufkochen lassen, die Sahne unterrühren und mit Salz, Muskatnuss und Zitronensaft abschmecken.

4. Die Minzeblätter waschen, trocken tupfen und in feine Streifen schneiden.

5. Die Erbsensuppe in vorgewärmte tiefe Teller verteilen und mit den Croûtons, dem Speck und den Minzeblättern bestreuen.

Zutaten für 4 Personen:

1 Schalotte

5 – 6 EL Butter

250 g Erbsen (tiefgekühlt)

400 ml Geflügelfond

100 g durchwachsener Räucherspeck (in Würfeln)

2 – 3 Scheiben Weißbrot

50 g Sahne

Salz

frisch geriebene Muskatnuss

etwas Zitronensaft

5 Minzeblätter

Bachmeiers Tipp:

Mit frischen Erbsenschoten wird die Suppe noch aromatischer: 250 g Schoten putzen und waschen. Die Erbsen palen und wie im Rezept beschrieben weiterverarbeiten. Die Schoten in kochendem Salzwasser weich garen. In ein Sieb abgießen, abtropfen lassen und durch ein Sieb streichen. Die Suppe mit dem Erbsenpüree binden.

Hühnereintopf
mit Gemüse und Grießnockerln

Zutaten für 4 Personen:

Für den Hühnereintopf:

1 Suppenhuhn (ca. 1 ½ kg; küchenfertig)

1 kleine Zwiebel

1 Lorbeerblatt

2 Gewürznelken

4 Stiele Petersilie, 2 Zweige Thymian, 2 Liebstöckelblätter

je 100 g Karotte, Lauch, Knollen- und Staudensellerie (in Würfeln bzw. Ringen)

1 Streifen unbehandelte Zitronen- schale

5 weiße Pfefferkörner

3 Wacholderbeeren

Salz · Pfeffer aus der Mühle

frisch geriebene Muskatnuss

1 Bund Schnittlauch

Für die Grießnockerl:

100 g Butter · 2 Eier

200 g Hartweizengrieß

Salz · Pfeffer aus der Mühle

frisch geriebene Muskatnuss

1. Das Huhn innen und außen waschen, mit der Geflügelschere die Keulen abtrennen und das Huhn in zwei Hälften teilen. Mit etwa 3 l Wasser in einen großen Topf geben.

2. Die Zwiebel schälen und das Lorbeerblatt mit den Gewürznelken darauf feststecken. Die Kräuter waschen und zu einem Sträußchen binden. Die gespickte Zwiebel, das Kräutersträußchen, das Gemüse, Zitronenschale, Pfefferkörner und Wacholderbee- ren zu dem Huhn geben und das Wasser aufkochen. Das Huhn bei schwacher Hitze 1 ½ bis 2 Stunden köcheln lassen.

3. Den Eintopf mit Salz, Pfeffer und Muskatnuss würzen. Das Huhn herausnehmen, die Haut entfernen und das Fleisch von den Knochen lösen. Das Fleisch in mundgerechte Stücke schneiden. Das Gemüse herausnehmen und beiseitestellen. Die Brühe durch ein feines Sieb gießen und warm halten.

4. Für die Grießnockerl die Butter in einer Schüssel schaumig schlagen. Die Eier und den Grieß unterrühren und die Masse mit Salz, Pfeffer und Muskatnuss würzen.

5. In einem großen Topf Wasser mit Salz und Muskatnuss zum Sieden bringen. Aus der Grießmasse mit angefeuchteten Teelöffeln etwa gleich große Portionen abstechen und zu länglichen Nockerln formen. Die Grießnockerl nach und nach in das heiße Wasser geben und einmal kurz aufkochen lassen. Dann bei schwacher Hitze etwa 15 Minuten ziehen lassen.

6. Den Schnittlauch waschen, trocken schütteln und in Röllchen schneiden. Das bei- seitegelegte Gemüse und das Fleisch in eine Suppenschüssel geben. Mit der heißen Brühe aufgießen und die Nockerl hineinlegen. Noch etwas Muskatnuss darüberreiben und servieren. Nach Belieben mit 1 Thymianzweig garnieren.

Bärlauch-Kartoffel-Suppe

Zutaten für 4 Personen:

2 mehligkochende Kartoffeln

1 Schalotte

2 – 3 EL Butter

100 ml Weißwein

½ l Gemüsebrühe

100 g Bärlauch

400 g Sahne

Salz · Cayennepfeffer

Zitronensaft

1. Die Kartoffeln schälen, waschen und mit der Gemüsereibe fein reiben. Die Schalotte schälen und in feine Würfel schneiden.

2. Die Butter in einem Topf erhitzen und die Schalotte darin andünsten. Die Kartoffeln dazugeben und mit dem Wein ablöschen. Die Brühe angießen und die Kartoffeln bei mittlerer Hitze 20 Minuten weich garen.

3. Inzwischen den Bärlauch verlesen, waschen und trocken schleudern. Grobe Stiele entfernen. Die Hälfte der Sahne steif schlagen.

4. Die flüssige Sahne und den Bärlauch zur Suppe geben und alles mit dem Stabmixer oder im Küchenmixer sehr fein pürieren.

5. Die Bärlauch-Kartoffel-Suppe nach Belieben durch ein feines Sieb in einen Topf passieren und noch mal aufkochen lassen. Die geschlagene Sahne unterheben und die Suppe mit Salz, Cayennepfeffer und etwas Zitronensaft abschmecken. In vorgewärmte tiefe Teller verteilen und servieren.

Bachmeiers Tipp:

Diese Suppe lässt sich im Sommer auch wunderbar gut gekühlt servieren. Statt Bärlauch können Sie Sauerampfer verwenden. Die unverwechselbare Säure des Ampfers gibt der Suppe einen raffinierten Geschmack.

Kürbissuppe

1. Den Kürbis schälen und die Kerne mit einem Löffel entfernen. Das Kürbisfleisch mit der Gemüsereibe in eine Schüssel raspeln, leicht mit Salz würzen und etwa 30 Minuten ziehen lassen.

2. Die Kürbisraspel in ein Sieb geben und gut ausdrücken, dabei das Kürbiswasser auffangen. Die Schalotten schälen und in feine Würfel schneiden. Den Sellerie putzen, schälen und in Würfel schneiden. Die Knoblauchzehe andrücken.

3. Die Butter in einem Topf erhitzen und die Schalotten, den Knoblauch sowie den Sellerie dazugeben und bei mittlerer Hitze andünsten.

4. Die Kürbisraspel noch einmal gut ausdrücken und hinzufügen. Den Zucker dazugeben und karamellisieren. Den Ingwer und das Currypulver dazugeben. Mit dem Kürbiswasser ablöschen und einkochen lassen. Mit der Brühe aufgießen und alles bei schwacher Hitze etwa 30 Minuten köcheln lassen.

5. Die Suppe mit dem Stabmixer oder im Küchenmixer fein pürieren und nach Belieben durch ein Sieb passieren. Die Sahne unterrühren und die Suppe mit Salz, Cayennepfeffer, 1 Prise Muskatnuss und Paprikapulver abschmecken. In vorgewärmte tiefe Teller verteilen und servieren.

Variante:

Für eine Kürbis-Paprika-Suppe die Kürbismenge auf die Hälfte reduzieren. Eine große rote Paprikaschote (ca. 250 g) längs halbieren, entkernen, waschen und in Würfel schneiden. Die Paprikawürfel mit den Kürbisraspeln zu den Schalotten, dem Knoblauch und dem Sellerie in den Topf geben und wie im Rezept beschrieben weiterverfahren.

Zutaten für 4 Personen:

500 g Muskatkürbis

Salz

100 g Schalotten

60 g Knollensellerie

½ Knoblauchzehe

100 g Butter

1 TL Zucker

50 g frisch geriebener Ingwer

1 TL Currypulver

1 l Gemüsebrühe

100 g Sahne

Cayennepfeffer

frisch geriebene Muskatnuss

Paprikapulver (edelsüß)

Topinambursuppe
mit gehobelten Steinpilzen

Zutaten für 4 Personen:

350 g Topinambur

2 Schalotten

50 g Butter

5 cl trockener Sherry

Salz

½ l Gemüse- oder Hühnerbrühe

200 g Sahne

frisch geriebene Muskatnuss

Cayennepfeffer

1 EL geschlagene Sahne

2 feste Steinpilze

Olivenöl

Fleur de Sel

1. Die Topinamburknollen schälen und in kleine Würfel schneiden. Die Schalotten schälen und in feine Würfel schneiden. Die Hälfte der Butter in einem Topf erhitzen, den Topinambur und die Schalotten darin andünsten.

2. Mit dem Sherry ablöschen und einkochen lassen. Mit wenig Salz würzen und die Brühe angießen. Das Gemüse etwa 30 Minuten weich garen. Die Sahne dazugießen und aufkochen.

3. Die Topinambursuppe mit dem Stabmixer oder im Küchenmixer fein pürieren und nach Belieben durch ein Sieb in einen Topf passieren.

4. Die Suppe nochmals aufkochen und mit Muskatnuss und Cayennepfeffer abschmecken. Die restliche Butter mit dem Stabmixer untermixen, dann die geschlagene Sahne unterheben.

5. Die Steinpilze putzen und, falls nötig, mit Küchenpapier trocken abreiben. Die Suppe in vorgewärmte tiefe Teller verteilen und die Pilze mit einem Hobel darüberhobeln. Tröpfchenweise etwas Olivenöl und 1 Prise Fleur de Sel über die Steinpilze geben und die Suppe servieren. Nach Belieben mit Kerbel garnieren.

Knoblauchsuppe

Zutaten für 4 Personen:

3 Knoblauchknollen

¼ l Milch

1 Schalotte

2 Frühlingszwiebel

2 mehligkochende Kartoffel

3 EL Butter

750 ml Hühnerbrühe

300 g Sahne

3 EL kalte Butter

Salz

frisch geriebene Muskatnuss

Cayennepfeffer

1. Die Knoblauchknollen in die einzelnen Zehen teilen und schälen. Die Knoblauchzehen mit der Milch in eine Schüssel geben und mindestens 5 bis 6 Stunden – am besten über Nacht – ziehen lassen.

2. Den Knoblauch in ein Sieb abgießen und in grobe Würfel schneiden. Die Schalotte schälen und in feine Würfel schneiden. Die Frühlingszwiebel putzen, waschen und in Ringe schneiden. Die Kartoffel schälen, waschen und in Würfel schneiden.

3. Die Butter in einem Topf erhitzen und den Knoblauch, die Schalotte und die Frühlingszwiebel darin andünsten. Die Kartoffel hinzufügen, die Brühe dazugießen und alles 20 Minuten köcheln lassen.

4. Die Suppe mit dem Stabmixer oder im Küchenmixer fein pürieren und nach Belieben durch ein Sieb in einen Topf passieren.

5. Die Sahne steif schlagen. Die Suppe nochmals aufkochen, die kalte Butter mit dem Stabmixer untermixen und die steif geschlagene Sahne unterheben. Mit Salz, Muskatnuss und Cayennepfeffer abschmecken. Die Knoblauchsuppe in vorgewärmte tiefe Teller verteilen und servieren.

Bachmeiers Tipp:

Die Milch macht den Knoblauch bekömmlicher und milder im Geschmack, sollte aber nach dem Einweichen des Knoblauchs nicht mehr verwendet werden.

Bayerische Kesselsuppe

1. Die Graupen in einem Sieb kalt abbrausen, bis das Wasser klar bleibt. In einem Topf reichlich Salzwasser aufkochen und die Graupen darin bei schwacher Hitze etwa 30 bis 40 Minuten weich garen. In ein Sieb abgießen und abtropfen lassen.

2. Den Knoblauch schälen und in feine Würfel schneiden. Das Schmalz in einem Topf erhitzen und den Knoblauch mit den Gemüsewürfeln darin kurz andünsten.

3. Die Leberwurst unterrühren und mit dem Majoran würzen. Die Brühe angießen und die Suppe 15 Minuten köcheln lassen. Die Petersilie waschen und trocken schütteln. Die Blätter von den Stielen zupfen und fein hacken.

4. Die Perlgraupen in die Suppe geben und kurz miterhitzen. Die Petersilie dazugeben und die Kesselsuppe mit Salz und Pfeffer abschmecken. In vorgewärmte tiefe Teller verteilen und servieren.

Zutaten für 4 Personen:

80 g Perlgraupen

Salz

1 Knoblauchzehe

4 EL Schweineschmalz

je 50 g Karotte, Knollensellerie, Zwiebel und Kartoffel (in Würfeln)

100 g grobe Leberwurst

½ TL getrockneter Majoran

1 l Rinderbrühe

4 Stiele Petersilie

Pfeffer aus der Mühle

Bachmeiers Tipp:

Die Graupen lassen sich gut durch in Würfel geschnittenes Schwarzbrot ersetzen. Und Liebhaber können anstatt Leberwurst auch Blutwurst verwenden – oder die Kesselsuppe am besten gleich mit beidem zubereiten.

Fischsuppe
mit klarem Tomatenfond

Zutaten für 4 – 6 Personen:

1 kg vollreife Tomaten

1 Dose geschälte Tomaten
(240 g Abtropfgewicht)

Meersalz

½ Bund Basilikum

½ Bund Estragon

2 Zweige Thymian

14 Eiweiße (alternativ ½ l Eiweiß
aus dem Tetrapak)

3 Knoblauchzehen

abgeriebene Schale von
¼ unbehandelten Zitrone

1 Schalotte

500 g Miesmuscheln

1 EL Olivenöl

100 ml Weißwein

ca. 600 g gemischte Fischfilets
(z.B. Forelle, Saibling, Wolfsbarsch,
Dorade)

200 g Blattspinat

1. Die Tomaten waschen, vierteln und dabei die Stielansätze entfernen. Mit den Dosentomaten im Küchenmixer fein pürieren und mit Meersalz würzen. Die Kräuter waschen und trocken schütteln.

2. Die Tomaten in einem Topf mit den Eiweißen verrühren und bei schwacher Hitze langsam erwärmen, damit die Suppe nicht anbrennt. Dann einmal aufkochen lassen.

3. Den Knoblauch ungeschält andrücken. Die Kräuter, den Knoblauch und die Zitronenschale zur Suppe geben und alles bei schwacher Hitze 1 Stunde ziehen lassen, bis sich das Fruchtfleisch absenkt.

4. Die Schalotte schälen und in feine Würfel schneiden. Die Muscheln unter fließendem kaltem Wasser gründlich abbürsten, geöffnete Muscheln aussortieren. In einem Topf das Olivenöl erhitzen und die Schalotte darin bei mittlerer Hitze andünsten. Die Muscheln dazugeben, mit dem Wein ablöschen und zugedeckt 3 bis 4 Minuten garen. Geschlossene Muscheln entfernen.

5. Die Fischfilets waschen, mit Salz würzen und in einen Topf geben. Den Spinat verlesen und waschen, grobe Stiele entfernen. Die Blätter in Stücke zupfen und zum Fisch geben. Etwa ½ l klaren Tomatenfond dazugeben und den Fisch darin bei schwacher Hitze 3 bis 4 Minuten glasig ziehen lassen.

6. Den restlichen klaren Tomatenfond in vorgewärmte tiefe Teller verteilen. Den Fisch und die Muscheln mit dem Spinat hineinlegen und servieren. Dazu schmeckt geröstetes Weißbrot mit Knoblauch.

Bachmeiers Tipp:

Das Eiweiß bindet die Trübstoffe und das Tomatenfleisch. Das Fruchtfleisch können Sie z.B. für Fischfond oder eine Hühnerbrühe verwenden. Wenn Sie den Tomatenfond ohne Eiweiß klären möchten, lassen Sie die pürierten Tomaten über Nacht in einem mit einem Küchentuch ausgelegten Sieb abtropfen. Den Fond in einer Schüssel auffangen und wie beschrieben weiterverarbeiten.

Gemüse, Nudeln & Co.

Selbst ist der Koch. Das gilt ganz besonders beim Einkaufen. Ich möchte alle Hersteller und Lieferanten kennen, von denen ich meine Ware beziehe, weil ich sehr großen Wert auf ein gutes Produkt
lege. Mit meinem Schwammerlmann verbindet mich schon fast eine Freundschaft, und ich weiß auch
ganz genau, wie die Tiere aufgewachsen sind, deren Fleisch ich in meinem
Restaurant anbiete.

Ich möchte auch wissen, aus welcher Gegend die Produkte kommen. Am
liebsten kaufe ich das, was es in meiner Heimat gibt. Neben Fleisch und Fisch
sind das vor allem Kräuter, Gemüse und Salat von lokalen Produzenten, bei
mir soll der örtliche Bauer profitieren. Denn die haben ja die frischeste Ware,
zum optimalen Zeitpunkt geerntet. Und die kurzen Wege zwischen Erzeuger
und Verbraucher kommen auch der Umwelt zugute.

Es hat noch einen unschätzbaren Vorteil, wenn man seine Produzenten
kennt: Man kann gemeinsam an der Qualität der Produkte arbeiten, die vor
allem der Gast im Gericht schmeckt.

Einkaufen ist für mich aber auch ein Genuss. S ch auf ein paar Weißwürscht
in der Großmarkthalle treffen, auf dem Viktualienmarkt – der nur einen Kat-
zensprung von meinem Restaurant Blauer Bock entfernt ist – einen Schluck trinken, mit Händlern
und Kollegen ratschen – das ist auch ein Lebensgefühl. Das brauche ich, und das gibt mir die nötige
Verbundenheit zur Heimat und zu den Produkten.

Auf den Markt gehen, sehen, riechen und schmecken. Für einen Koch ist das immer auch Inspiration.
Es gibt keinen anderen Ort, wo die Eingebung so daheim ist. Probieren Sie es selber aus, Sie kochen
gleich viel besser, wenn Sie sich am Markt Appetit geholt haben.

Gemüse
in Curry-Kokos-Sauce

Zutaten für 4 Personen:

1 kleiner Romanesco (ersatzweise Blumenkohl)

20 Okraschoten (ersatzweise 2 Paprikaschoten in Würfeln)

16 Thai-Auberginen (ersatzweise 1 große Aubergine in Würfeln)

16 Zuckerschoten

100 g kleine Champignons

4 kleine Karotten

100 g Frühlingszwiebeln

4 EL Erdnussöl

1 ½ TL rote Currypaste

Salz · Pfeffer aus der Mühle

1 TL Korianderkörner

1 EL mildes Madras-Currypulver

1 EL Chiliketchup

150 ml Gemüsebrühe

1 – 2 Chilischoten

1 Kaffir-Limettenblatt

400 ml Kokosmilch

3 EL Palmzucker (ersatzweise brauner Zucker)

1 dünne unbehandelte Limettenscheibe

1. Den Romanesco putzen, waschen und in Röschen teilen. Die Okraschoten putzen, waschen und die Stiele abschneiden. Die Schoten schräg in kleine Stücke schneiden. Die Auberginen und die Zuckerschoten putzen und waschen. Die Auberginen je nach Größe halbieren oder vierteln. Die Champignons putzen, falls nötig, trocken abreiben und vierteln. Die Karotten putzen, schälen und schräg in Scheiben schneiden. Die Frühlingszwiebeln putzen, waschen und längs halbieren.

2. Das Erdnussöl in einem Wok oder einer tiefen Pfanne erhitzen. Die Currypaste dazugeben und bei schwacher Hitze anrösten.

3. Den Romanesco, die Okraschoten, die Auberginen und die Zuckerschoten dazugeben und andünsten. Die Pilze und die Frühlingszwiebeln dazugeben und das Gemüse leicht mit Salz und Pfeffer würzen.

4. Die Korianderkörner im Mörser zerstoßen, mit dem Currypulver mischen und zum Gemüse geben. Den Chiliketchup und die Brühe hinzufügen und 10 bis 12 Minuten fast ganz einkochen lassen.

5. Die Chilischoten längs halbieren, entkernen und waschen. Das Limettenblatt waschen und in feine Streifen schneiden. Nach und nach die Kokosmilch angießen. Den Palmzucker, das Limettenblatt und die Limettenscheibe dazugeben. Das Curry bei schwacher Hitze unter häufigem Rühren 10 Minuten köcheln lassen und nochmals abschmecken.

6. Zum Schluss nach Belieben einige Korianderblätter waschen und zum Gemüse geben. Das Gemüse auf tiefe Teller verteilen. Dazu passt Jasminreis.

Scheiterhaufen
mit Graukas

Zutaten für 4 Personen:

400 g Graukäse (z.B. Südtiroler Graukäse)

1 Apfel

4 Schalotten

1 Zweig Thymian

1 Frühlingszwiebel

50 g Südtiroler Speck

1 mehligkochende Kartoffel (100 g)

Salz

80 – 90 g Butter

200 ml Portwein

2 große Scheiben Schüttelbrot (ca. 20 cm Durchmesser)

225 ml Milch

3 Eier

200 g Sahne

frisch geriebene Muskatnuss

1 Eigelb

1 EL Weißbrotbrösel

Außerdem:

Butter für die Form

1. Den Graukäse in Scheiben schneiden. Den Apfel vierteln, schälen und entkernen. Den Apfel in dünne Spalten schneiden. Die Schalotten schälen und in feine Streifen schneiden. Den Thymian waschen, trocken tupfen und die Blättchen abzupfen.

2. Die Frühlingszwiebel putzen, waschen und in Ringe schneiden. Den Speck in Würfel schneiden und in einer Pfanne ohne Fett knusprig braten. Die Frühlingszwiebel dazugeben und kurz mitdünsten. Beiseitestellen.

3. Die Kartoffel schälen, waschen, vierteln und in kochendem Salzwasser 10 bis 15 Minuten weich garen. Inzwischen 4 EL Butter in einer Pfanne erhitzen und die Schalotten darin goldgelb andünsten. Den Apfel dazugeben, kurz mitdünsten und mit dem Portwein ablöschen. Den Thymian unterrühren. Den Apfel weich garen, bis die Flüssigkeit eingekocht ist.

4. Den Backofen auf 170 °C vorheizen. Eine runde Auflaufform (etwa 20 cm Durchmesser) mit etwas Butter einfetten. Eine Scheibe Schüttelbrot in 100 ml Milch einlegen. Die andere Scheibe Schüttelbrot als Boden in die Auflaufform legen. Die Apfel-Schalotten-Mischung abwechselnd mit dem Gräukäse auf das Schüttelbrot schichten, dabei mit den Apfelschalotten beginnen und mit Käse abschließen. Das in Milch eingelegte Schüttelbrot auf dem Käse verteilen. Die Eier mit der Sahne verquirlen, leicht mit Salz und Muskatnuss würzen und über den Auflauf gießen.

5. Die Kartoffel abgießen, ausdampfen lassen und durch ein Sieb streichen oder durch die Kartoffelpresse drücken. Die restliche Milch aufkochen und mit 3 bis 4 EL Butter unter die Kartoffelmasse rühren. Mit Salz und 1 Prise Muskatnuss abschmecken. Die Speck-Zwiebel-Mischung dazugeben und das Eigelb unterrühren. Das Kartoffelpüree mit einer Spritztülle auf den Auflauf spritzen oder mit einem Löffel daraufsetzen. Die Weißbrotbrösel und 1 EL Butter in Flocken darüber verteilen. Den Auflauf im Ofen auf der mittleren Schiene etwa 25 Minuten goldbraun backen.

6. Den Auflauf aus dem Ofen nehmen und kurz abkühlen lassen. Vorsichtig aus der Form stürzen und wieder umdrehen, sodass die Kartoffelkruste oben ist. Alternativ den Scheiterhaufen in der Form in Stücke schneiden und herausheben. Dazu passt ein Kräutersalat.

Frischkäsetartes
mit Artischockenchips

1. Für die Tartes am Vortag die gesalzene Butter zerlassen. Die Filoteigblätter einzeln mit der gesalzenen Butter bestreichen und übereinanderlegen. Leicht beschweren und über Nacht kühl stellen.

2. Am nächsten Tag für den Belag den Frischkäse Zimmertemperatur annehmen lassen. Grob mit der Crème fraîche und dem Eigelb verrühren und die Masse mit Salz, Pfeffer und Cayennepfeffer würzen.

3. Für die Garnitur von der Artischocke den Stiel sowie die harten Blattspitzen im oberen Teil abtrennen, die verbliebenen Blätter rund um den Artischockenboden abschneiden. Das »Heu« mit einem Teelöffel oder Kugelausstecher herauslösen. Den Artischockenboden vierteln, in feine Scheiben schneiden und sofort mit dem Zitronensaft beträufeln.

4. In einem kleinen Topf reichlich Öl erhitzen – es ist heiß genug, wenn sich an einem hineingehaltenen Holzlöffelstiel Blasen bilden. Die Artischockenscheiben mit Küchenpapier trocken tupfen und im Öl leicht braun und kross frittieren. Mit dem Schaumlöffel herausnehmen, auf Küchenpapier abtropfen lassen und mit Salz würzen.

5. Vom Radicchio die einzelnen Blätter ablösen, waschen und trocken schleudern. Die Blätter übereinanderlegen, aufrollen und in sehr feine Streifen schneiden.

6. Den Backofen auf 190 °C (Umluft) vorheizen. Das Filoteigblatt in 4 Quadrate (à 15 x 15 cm) schneiden und auf mit Backpapier belegte Backbleche verteilen. Jedes Teigquadrat mit 1 gehäuften EL (etwa 30 g) des Belags bestreichen. Die Tartes im Ofen etwa 6 Minuten backen.

7. Den Essig mit dem Olivenöl verrühren, mit Salz und Pfeffer würzen und den Radicchio damit marinieren. Die Tartes aus dem Ofen nehmen und mit den Artischockenchips und etwas Radicchio garnieren.

Zutaten für 4 Personen:

Für die Frischkäsetartes:

1 EL gesalzene Butter

4 Filoteigblätter

60 g Frischkäse (z.B. Robiola del Beco)

120 g Crème fraîche

1 Eigelb

Salz · Pfeffer aus der Mühle

Cayennepfeffer

Für die Artischockenchips:

1 Artischocke

Saft von ½ Zitrone

Öl zum Frittieren

Salz

Außerdem:

½ Radicchio

1 EL Weißweinessig

2 – 3 EL Olivenöl

Salz · Pfeffer aus der Mühle

Bachmeiers Tipp:

Wer sich etwas Besonderes gönnen möchte, kann die Tartes mit weißem Trüffel verfeinern. Dafür 1 weißen Trüffel trocken abbürsten und kurz vor dem Servieren über die Tartes hobeln.

Rahmpfifferlinge
mit Semmelknödeln

Zutaten für 4 Personen:

Für die Rahmpfifferlinge:

2 Schalotten

1 Knoblauchzehe

500 g Pfifferlinge

4 EL kalte Butter

Salz

Weinessig

200 ml Gemüsebrühe

300 g Sahne

frisch geriebene Muskatnuss

Cayennepfeffer

Für die Semmelknödel:

300 g Knödelbrot

125 ml Milch

1 Zwiebel

70 g gekochter Schinken

70 g durchwachsener Räucherspeck

2 EL Butter

1 EL gehackte Petersilie

4 Eier

Salz · Pfeffer aus der Mühle

frisch geriebene Muskatnuss

1. Für die Pfifferlinge die Schalotten und den Knoblauch schälen und in feine Würfel schneiden. Die Pilze putzen, falls nötig, mit Küchenpapier trocken abreiben und in feine Scheiben schneiden.

2. In einer Pfanne 2 EL Butter erhitzen, Schalotten, Knoblauch und Pfifferlinge darin andünsten. Mit wenig Salz würzen und mit 1 Spritzer Essig ablöschen, sobald die Pilze Wasser gezogen haben. Die Brühe und die Sahne angießen und kurz köcheln lassen. Die Sauce durch ein feines Sieb in einen Topf gießen und die Pilze in einer Schüssel warm stellen.

3. Für die Semmelknödel das Knödelbrot in eine Schüssel geben. Die Milch in einem kleinen Topf erhitzen. Die Zwiebel schälen und mit dem Schinken und dem Speck in kleine Würfel schneiden. Die Butter in einer Pfanne erhitzen und Zwiebel, Schinken und Speck bei mittlerer Hitze darin anbraten. Die Petersilie untermischen und alles zum Knödelbrot geben.

4. Die heiße Milch über das Knödelbrot gießen. Die Eier dazugeben, mit Salz, Pfeffer und Muskatnuss würzen und zugedeckt kurz ziehen lassen. Die Masse gut mischen und daraus mit angefeuchteten Händen etwa tischtennisballgroße Knödel formen.

5. In einem Topf Wasser zum Kochen bringen und die Knödel hineinlegen. Einmal aufkochen und etwa 10 Minuten bei schwacher Hitze ziehen lassen.

6. Die Sauce aufkochen und etwas reduzieren lassen. Den Topf vom Herd nehmen und die restliche kalte Butter in Stückchen mit dem Stabmixer unterrühren, bis die Sauce eine leichte Bindung hat. Die Pfifferlinge wieder hinzufügen und alles mit Salz, Muskatnuss und Cayennepfeffer abschmecken.

7. Die Rahmpfifferlinge in vorgewärmte tiefe Teller verteilen. Die Semmelknödel mit dem Schaumlöffel aus dem Wasser nehmen, kurz abtropfen lassen und auf den Pfifferlingen anrichten. Nach Belieben mit fein geschnittener Petersilie garnieren.

Paprika-Zucchini-Ragout
mit Riesengarnelen

Zutaten für 4 Personen:

Für die Riesengarnelen:

12 Riesengarnelen (mit Kopf und Schale; ersatzweise Kaisergranate)

2 Schalotten · 1 Knoblauchzehe

3 EL Olivenöl

½ TL Tomatenmark

¼ l Fischfond

Salz · Cayennepfeffer

Für das Paprika-Zucchini-Ragout:

250 g Zucchini

120 g rote Paprikaschote

120 g gelbe Paprikaschote

1 Bund Frühlingszwiebeln

16 schwarze Oliven

2 EL Butter · 2 EL Olivenöl

60 g dicke Bohnen

Salz · Cayennepfeffer

1 TL gehackte Basilikumblätter

1. Von den Garnelen den Kopf abdrehen, mit einer Schere die Oberseite aufschneiden und die Schale samt Schwanzfächer ablösen und beiseitelegen. Die Garnelen am Rücken entlang nicht zu tief einschneiden und den Darm vorsichtig herausziehen. Die Garnelen waschen und trocken tupfen.

2. Für den Fond die Schalotten und den Knoblauch schälen und in feine Würfel schneiden. Das Olivenöl in einem Topf erhitzen und die Garnelenschalen darin anbraten. Das Tomatenmark unterrühren und kurz mitrösten. Mit dem Fond ablöschen, mit Salz und Cayennepfeffer würzen und bei schwacher Hitze etwa 30 Minuten ziehen lassen.

3. Inzwischen für das Paprika-Zucchini-Ragout die Zucchini, die Paprikaschoten und die Frühlingszwiebeln putzen, waschen und in Streifen schneiden. Die Oliven entsteinen und in Stifte schneiden.

4. Den Garnelenfond durch ein feines Sieb in einen Topf abgießen, dabei die Schalen gut ausdrücken.

5. Die Butter und das Öl in einer großen Pfanne erhitzen und die Frühlingszwiebeln darin andünsten. Nacheinander die Paprika, die Bohnen und die Zucchini dazugeben. Kurz andünsten und mit dem Garnelenfond aufgießen.

6. Die Garnelen mit Salz und Cayennepfeffer würzen, zum Gemüse geben und 6 bis 8 Minuten mitgaren. Wieder herausnehmen, das Basilikum und die Olivenstifte zum Ragout geben und abschmecken.

7. Die Riesengarnelen auf vorgewärmten Tellern verteilen und das Paprika-Zucchini-Ragout dazu anrichten.

Rahmspinat
mit pochiertem Ei und Bratkartoffeln

1. Für die Bratkartoffeln die Kartoffeln waschen und mit der Schale in kochendem Salzwasser etwa 20 Minuten weich garen. Inzwischen für den Rahmspinat den Spinat verlesen und waschen, grobe Stiele entfernen. Die Schalotten und den Knoblauch schälen und in feine Würfel schneiden.

2. Die Butter in einem Topf erhitzen und die Schalotten und den Knoblauch darin bei mittlerer Hitze andünsten. Den Spinat tropfnass dazugeben und zugedeckt zusammenfallen lassen. Die Sahne dazugeben, aufkochen und etwas einkochen lassen. Den Spinat samt Garflüssigkeit mit dem Stabmixer oder im Küchenmixer fein pürieren, die Nussbutter untermischen und mit Salz, Pfeffer und Muskatnuss würzen. Warm stellen.

3. Die Kartoffeln abgießen, ausdampfen lassen, möglichst heiß pellen und in feine Scheiben schneiden. Das Butterschmalz in einer großen Pfanne erhitzen und die Kartoffelscheiben darin auf einer Seite bei mittlerer Hitze etwa 5 Minuten braten.

4. Inzwischen die Frühlingszwiebel putzen, waschen und in feine Ringe schneiden. Wenn die Kartoffeln von der Unterseite gut gebräunt sind, wenden und mit Salz, Pfeffer und Kümmel würzen. Die Frühlingszwiebel darüberstreuen, die Butter dazugeben und die Bratkartoffeln 5 Minuten braten.

5. Für die pochierten Eier in einem großen Topf 2 l Wasser mit dem Essig zum Kochen bringen, dann die Temperatur reduzieren. Die Eier einzeln in jeweils eine Kaffeetasse aufschlagen, vorsichtig am Topfrand in das siedende Wasser gleiten lassen und etwa 2 bis 3 Minuten pochieren, zwischendrin einmal vorsichtig wenden.

6. Kurz vor dem Servieren die geschlagene Sahne unter den Spinat heben. Die Eier mit dem Schaumlöffel aus dem Wasser heben, abtropfen lassen und mit dem Rahmspinat und den Bratkartoffeln auf vorgewärmten Tellern verteilen.

Zutaten für 4 Personen:

Für die Bratkartoffeln:

600 g festkochende Kartoffeln
(z.B. Linda)

4 EL Butterschmalz

1 Frühlingszwiebel

Salz · Pfeffer aus der Mühle

gemahlener Kümmel

1 EL kalte Butter

Für den Rahmspinat:

500 g Blattspinat

2 Schalotten

1 kleine Knoblauchzehe

100 g Butter · 100 g Sahne

50 g Nussbutter (siehe Tipp S. 66)

Salz · Pfeffer aus der Mühle

frisch geriebene Muskatnuss

2 EL geschlagene Sahne

Für das pochierte Ei:

8 EL Apfelessig

4 sehr frische Eier

Bachmeiers Tipp:

Für perfekt knusprige Bratkartoffeln sollten alle Kartoffelscheiben den Pfannenboden berühren. Größere Mengen brät man daher am besten portionsweise. Fertige Bratkartoffeln einfach so lange im Ofen warm halten, bis alle gebraten sind.

Rotweinrisotto
mit Quittenragout

Zutaten für 4 Personen:

Für das Quittenragout:

1 kg Quitten

Saft von 3 Zitronen

400 g Zucker

125 ml Weißwein

1 Zimtstange

½ Vanilleschote

Für den Rotweinrisotto:

1 l Gemüsebrühe

1 Schalotte

1 EL Olivenöl

240 g Risottoreis (z.B. Carnaroli)

300 ml kräftiger Rotwein

80 g Butter

100 g geriebener Parmesan

Salz · Pfeffer aus der Mühle

1. Die Quitten mit Küchenpapier gründlich abreiben. Etwa 1 l Wasser mit dem Saft von 2 Zitronen verrühren. Die Quitten schälen, halbieren, entkernen und in etwa 1 cm große Würfel schneiden. Sofort in das Zitronenwasser geben, damit sie nicht braun werden.

2. In einem Topf 1 l Wasser zum Kochen bringen. Die Quitten aus dem Zitronenwasser nehmen und im kochendem Wasser 15 Minuten weich garen. Die Quitten in ein Sieb abgießen, dabei den Fond auffangen.

3. Den Zucker in einem Topf karamellisieren, mit dem Weißwein ablöschen und den Quittenfond dazugeben. Die Zimtstange und die Vanilleschote dazugeben und die Flüssigkeit auf die Hälfte einkochen lassen.

4. Die Quitten dazugeben und mit dem restlichen Zitronensaft abschmecken. Das Quittenragout in sterilisierte Einmachgläser füllen. Es hält sich etwa 4 bis 6 Monate.

5. Für den Risotto die Brühe in einem Topf erhitzen. Die Schalotte schälen und in feine Würfel schneiden. Das Olivenöl in einem Topf erhitzen und die Schalotte darin andünsten. Den Reis dazugeben und kurz mitdünsten. Mit dem Rotwein ablöschen und einköcheln lassen. So viel heiße Brühe angießen, dass der Reis knapp bedeckt ist, und unter häufigem Rühren einköcheln lassen. Den Vorgang wiederholen, bis der Reis nach etwa 25 Minuten bissfest gegart ist.

6. Die Butter und den Parmesan unterrühren und den Risotto mit Salz und Pfeffer abschmecken. Den Risotto in vorgewärmte tiefe Teller verteilen und etwas lauwarmes Quittenragout zum Risotto servieren.

Lauwarmer Nudelsalat
mit Meeresfrüchten und Lachs

Zutaten für 4 Personen:

½ Schalotte

1 Knoblauchzehe

1 Avocado

Saft von ½ Limette

2 Tomaten

8 kleine Kaisergranate (ersatzweise Garnelen)

100 g Lachsfilet

100 g Schwertfischfilet

200 g Venusmuscheln (ersatzweise Miesmuscheln)

4 EL Olivenöl

100 ml Weißwein

Fleur de Sel

Pfeffer aus der Mühle

1 TL gehackte Petersilie

500 g Spaghettini

Meersalz

einige Basilikumblätter

1. Die Schalotte und den Knoblauch schälen und in feine Würfel schneiden. Die Avocado halbieren, den Stein entfernen und die Hälften schälen. Das Fruchtfleisch in Würfel schneiden und in einer Schüssel mit etwas Limettensaft beträufeln. Die Tomaten waschen, vierteln, entkernen, ebenfalls in Würfel schneiden und zur Avocado geben.

2. Von den Kaisergranaten den Kopf abdrehen, mit einer Schere die Unterseite aufschneiden, die Schale ablösen und beiseitelegen. Die Kaisergranate am Rücken entlang einschneiden und den dunklen Darm entfernen. Die Kaisergranate waschen, trocken tupfen und halbieren.

3. Die Fischfilets waschen, trocken tupfen, in etwa 2 cm große Würfel schneiden und mit den Kaisergranaten in eine große Schüssel geben. Die Muscheln unter fließendem kaltem Wasser gründlich abbürsten, geöffnete Muscheln aussortieren.

4. In einem Topf 1 EL Olivenöl erhitzen und die Schalotte und den Knoblauch darin bei mittlerer Hitze andünsten. Die Kaisergranatschalen und die Muscheln dazugeben, mit dem Wein ablöschen und zugedeckt 3 bis 4 Minuten garen.

5. Die Muscheln mit dem Schaumlöffel herausnehmen, geschlossene Muscheln entfernen. Das Muschelfleisch aus den Schalen lösen und zu den Fischwürfeln geben. Den Sud durch ein feines Sieb gießen, kurz abkühlen lassen und über die Fische, Kaisergranate und Muscheln gießen.

6. Die Avocado- und Tomatenwürfel vorsichtig mit dem restlichen Limettensaft und dem übrigen Olivenöl untermischen und mit Fleur de Sel und Pfeffer würzen. Zum Schluss die Petersilie unterheben und alles bei Zimmertemperatur ziehen lassen.

7. Die Spaghettini nach Packungsanweisung in reichlich kochendem Salzwasser bissfest garen und in ein Sieb abgießen. Noch heiß unter die marinierten Fische und Meeresfrüchte mischen, mit dem Basilikum garnieren und lauwarm servieren.

Bachmeiers Tipp:

Für diesen Salat müssen die Fischfilets, Muscheln und Kaisergranate absolut frisch sein. Anstelle von Lachs und Schwertfisch kann man auch Thunfisch, Saibling oder Kabeljau verwenden.

Ziegenfrischkäse-Ravioli
mit weißem Tomatenschaum

1. Für den Nudelteig Olivenöl, Salz und Eigelbe in einer Schüssel mit den Knethaken des Handrührgeräts gut verquirlen. Nach und nach das Mehl und den Grieß unterrühren und alles zu einem glatten Teig verkneten. Falls nötig, noch etwas Mehl einarbeiten. Den Teig zu einer Kugel formen und mit Frischhaltefolie bedeckt 1 Stunde kühl stellen.

2. Für die Füllung die Tomaten und die Oliven fein hacken. Das Basilikum waschen, trocken tupfen und in feine Streifen schneiden. Den Ziegenfrischkäse in eine Schüssel geben und glatt rühren. Tomaten, Oliven, Basilikum, Weißbrotbrösel und Zitronenschale unterrühren und die Masse mit Salz und Cayennepfeffer abschmecken. Die Füllung in einen Spritzbeutel mit Lochtülle füllen.

3. Für den Tomatenschaum den Tomatenfond mit der Sahne in einen Topf geben und auf ein Drittel einkochen. Mit Salz und Cayennepfeffer würzen.

4. Das Eiweiß mit etwas Wasser verquirlen. Der Teig mit der Nudelmaschine oder mit dem Nudelholz zu zwei dünnen Bahnen ausrollen. Eine Teigbahn mit dem verquirlten Eiweiß bestreichen und mit einem Metallring (etwa 6 cm Durchmesser) vorsichtig Kreise darauf markieren (den Teig nicht ausstechen!). Dabei darauf achten, dass die Kreise mindestens einen Abstand von 4 cm zueinander haben.

5. Die Füllung auf die markierten Kreise spritzen. Die zweite Teigbahn darüberlegen und den Teig rund um die Füllung andrücken. Mit einem etwas größeren Metallring (etwa 8 cm Durchmesser) die Ravioli ausstechen.

6. In einem Topf reichlich Salzwasser mit etwas Muskatnuss und der Butter aufkochen. Die Ravioli dazugeben, einmal aufkochen lassen den Topf beiseitestellen und die Ravioli etwa 5 Minuten ziehen lassen, bis sie nach oben steigen.

7. Die kalte Butter stückchenweise mit dem Stabmixer unter den eingekochten Tomatenfond rühren. Die Ravioli in vorgewärmte tiefe Teller verteilen, den Tomatenschaum darauf verteilen und mit Basilikumblättern garniert servieren.

Zutaten für 4 Personen:

Für die Ziegenfrischkäse-Ravioli:

3 EL Olivenöl

Salz · 4 Eigelb

200 g Mehl

150 g Hartweizengrieß

100 g getrocknete Tomaten

1 EL Oliven (z.B. Taggiasca; ohne Stein)

10 Basilikumblätter

300 g Ziegenfrischkäse

3 EL Weißbrotbrösel

abgeriebene Schale von 1 unbehandelten Zitrone

Cayennepfeffer

1 Eiweiß

frisch geriebene Muskatnuss

1 TL Butter

Für den Tomatenschaum:

¼ l Tomatenfond (siehe S. 46)

250 g Sahne

Salz · Cayennepfeffer

50 g kalte Butter

4 Basilikumblätter

Schwammerl-Ravioli
mit weißem Zwiebelconfit

Zutaten für 4 Personen:

Für das Zwiebelconfit:

200 g weiße Zwiebeln

1 Stiel Majoran

1 Zweig Thymian

60 g Butter · 1 EL Zucker

¼ l Weißwein

1 Lorbeerblatt

1 TL Speisestärke

Meersalz

Für die Schwammerl-Ravioli:

12 Wan-Tan-Blätter (tiefgekühlt; aus dem Asienladen)

1 Schalotte · 1 Knoblauchzehe

je 50 g Steinpilze, Champignons und Pfifferlinge

100 g Butter · Meersalz

1 EL gehackte Petersilie

Pfeffer aus der Mühle

1 Eiweiß

frisch geriebene Muskatnuss

1. Für das Zwiebelconfit die Zwiebeln schälen und in Streifen schneiden. Die Kräuter waschen und trocken tupfen. Die Butter in einem Topf erhitzen und die Zwiebeln darin bei schwacher Hitze andünsten. Den Zucker darüberstreuen, karamellisieren und mit dem Wein ablöschen. Lorbeerblatt, Majoran und Thymian hinzufügen und das Confit etwa 30 Minuten bei schwacher Hitze köcheln lassen.

2. Die Speisestärke mit wenig kaltem Wasser glatt rühren. Das Confit mt Meersalz abschmecken und mit der Speisestärke binden. Das Lorbeerblatt und die Kräuter entfernen und das Zwiebelconfit lauwarm abkühlen lassen.

3. Für die Ravioli die Wan-Tan-Blätter auf der Arbeitsfläche ausbreiten und auftauen lassen. Die Schalotte schälen und in feine Würfel schneiden. Die Knoblauchzehe andrücken. Die Pilze putzen, falls nötig, trocken abreiben und in kleine Würfel schneiden.

4. Die Hälfte der Butter in einer Pfanne erhitzen, Schalotte, Knoblauch und Pilze darin anbraten. Sobald die Pilze leicht gebräunt sind, mit Meersalz und Pfeffer würzen und die Petersilie untermischen. Die Pilze auf Küchenpapier legen und etwas abkühlen lassen.

5. Die Wan-Tan-Blätter mit dem verquirlten Eiweiß bestreichen und die Pilzmischung gleichmäßig auf die Blätter verteilen, dabei einen Rand von ½ cm frei lassen. Die Wan-Tan-Blätter zu einem Dreieck zusammenklappen und die Ränder festdrücken.

6. In einem Topf reichlich Salzwasser zum Kochen bringen. Die Ravioli hineingeben, den Topf sofort vom Herd nehmen und die Ravioli noch 2 bis 3 Minuten ziehen lassen.

7. Die restliche Butter in einer Pfanne zerlassen und etwas Muskatnuss dazureiben. Die Ravioli mit dem Schaumlöffel aus dem Wasser nehmen, kurz abtropfen lassen und in der Butter schwenken. Das lauwarme Zwiebelconfit auf vorgewärmte Teller verteilen und die Ravioli darauf anrichten.

Bachmeiers Tipp:

Sie können für das Zwiebelconfit natürlich auch die leicht süßlichen roten Zwiebeln verwenden. Diese werden dann mit Rotwein anstelle von Weißwein abgelöscht.

Blutwursttascherl
auf Grammelkraut

Zutaten für 4 Personen:

Für die Blutwursttascherl:

3 EL Olivenöl · 3 Eigelb

300 g Mehl · 1 Ei

250 g frische Blutwürste
(beim Metzger vorbestellen)

Salz

Für das Grammelkraut:

50 g Grieben (beim Metzger vorbestellen)

40 g durchwachsener Räucherspeck
(in Würfeln)

50 g Zwiebel (in Würfeln)

50 g rohe mehligkochende Kartoffeln
(in Würfeln)

400 g Sauerkraut

200 ml Weißwein oder Apfelsaft

5 Wacholderbeeren

1 TL ganzer Kümmel

2 Lorbeerblätter

5 schwarze Pfefferkörner

4 Gewürznelken

100 ml Gemüse- oder Hühnerbrühe

50 g Schmalz

1. Für die Blutwursttascherl das Olivenöl und die Eigelbe in einer Schüssel gut mit den Knethaken des Handrührgeräts verquirlen. Nach und nach das Mehl unterrühren und alles zu einem glatten Teig verkneten. Falls nötig, noch etwas Wasser einarbeiten. Den Teig zu einer Kugel formen und mit Frischhaltefolie bedeckt 1 Stunde kühl stellen.

2. Für das Grammelkraut die Grieben in einem Topf erhitzen. Den Speck und die Zwiebel darin anbraten. Die Kartoffelwürfel hinzufügen und kurz andünsten. Das Sauerkraut dazugeben und mit dem Wein oder Apfelsaft ablöschen.

3. Die Gewürze in ein Gewürzsäckchen oder einen Einwegteebeutel füllen und zum Sauerkraut geben. Mit der Brühe aufgießen, bis das Kraut leicht mit Flüssigkeit bedeckt ist, und etwa 40 Minuten köcheln lassen.

4. Das Ei verquirlen. Den Teig mit der Nudelmaschine oder mit dem Nudelholz dünn ausrollen. Mit einem Metallring (etwa 4 cm Durchmesser) Kreise ausstechen. Die Teigränder leicht mit dem verquirlten Ei bestreichen.

5. Das Blutwurstbrät aus der Pelle drücken. Je etwas Blutwurstmasse seitlich auf den Teigkreis setzen, die Ränder dabei frei lassen. Die Kreise zu Halbmonden zusammenklappen. Die Teigränder gut andrücken und zwischen den Fingern etwas dünner drücken. Wer möchte, kann den Rand Stück für Stück zur Füllung hin einschlagen, sodass ein »gebärtelter« Rand entsteht, der wie eine Kordel aussieht.

6. In einem Topf reichlich Salzwasser zum Kochen bringen und die Blutwursttascherl darin etwa 3 Minuten leicht köcheln lassen. Die fertig gegarten Tascherl mit dem Schaumlöffel herausnehmen und abtropfen lassen.

7. Das Schmalz in einem kleinen Topf zerlassen. Das Sauerkraut auf Teller verteilen und die Blutwursttascherl auf dem Sauerkraut anrichten. Mit dem Schmalz beträufeln und servieren.

Käsespätzle
mit Comté

1. Die Zwiebel schälen und in feine Würfel schneiden. Die Butter in einem kleinen Topf erhitzen und die Zwiebel darin bei schwacher Hitze goldbraun andünsten. Die Petersilie untermischen. Warm stellen.

2. Für die Spätzle das Mehl mit etwa ¼ l Wasser, den Eiern und dem Salz mit den Knethaken des Handrührgeräts zu einem glatten, zähflüssigen Teig verarbeiten. Gegebenenfalls noch etwas Wasser hinzufügen. Den Teig so lange kneten, bis er Blasen wirft.

3. Den Backofen auf 220 °C vorheizen. In einem Topf reichlich Salzwasser mit 1 Prise Muskatnuss zum Kochen bringen. Den Käse fein reiben.

4. Den Teig portionsweise mit dem Spätzlehobel oder der Spätzlepresse in das siedende Wasser geben. Die Spätzle einmal kurz aufkochen lassen, mit dem Schaumlöffel herausnehmen, kurz abtropfen lassen und in eine große ofenfeste Auflaufform geben. Mit geriebenem Käse bestreuen und den Vorgang wiederholen, bis alle Spätzle zubereitet sind.

5. Die Käsespätzle im Ofen auf der mittleren Schiene etwa 10 Minuten überbacken, bis der Käse schmilzt. Mit den Zwiebeln bestreut servieren. Dazu passt am besten ein Blattsalat der Saison mit einer feinen Vinaigrette.

Zutaten für 4 Personen:

1 Zwiebel

100 g Butter

1 EL gehackte Petersilie

500 g Mehl

5 Eier

1 TL Salz

frisch geriebene Muskatnuss

250 g Comté
(franz. Rohmilchkäse)

Bachmeiers Tipp:

Die französische Region Franche-Comté ist berühmt für ihren fabelhaften Käse, und dazu gehört auch der Rohmilchkäse »Comté«. Echten Comté erkennt man an dem entsprechenden Ursprungssiegel. Sie können für Käsespätzle natürlich auch andere Käsesorten verwenden, wie z.B. Emmentaler und/oder Bergkäse oder Greyerzer.

Crespelle
mit Ricottafüllung

Zutaten für 4 Personen:

Für die Crespelle:

125 g Mehl

310 ml Milch

3 kleine Eier (ca. 150 g)

Salz

frisch geriebene Muskatnuss

50 g Nussbutter (siehe Tipp)

Butter zum Ausbacken

Für die Ricottafüllung:

100 g Radicchio trevisano

2 Salbeiblätter

2 EL Olivenöl

300 g Ricotta

30 g Gorgonzola

1 Eigelb

Salz · Pfeffer aus der Mühle

frisch geriebene Muskatnuss

1. Für die Crespelle das Mehl mit der Milch in einer Schüssel mit dem Schneebesen oder den Quirlen des Handrührgeräts verrühren. Die Eier, 1 Prise Salz und Muskatnuss hinzufügen und alles zu einem glatten Teig verarbeiten. Die Nussbutter dazugeben und gut unterrühren. Den Teig zugedeckt 2 Stunden ruhen lassen.

2. Für die Ricottafüllung den Radicchio putzen, waschen und trocken schleudern. Die Blätter fein schneiden. Die Salbeiblätter waschen, trocken tupfen und fein schneiden.

3. Das Olivenöl in einer Pfanne erhitzen und den Radicchio mit dem Salbei darin andünsten. Herausnehmen und in eine Schüssel geben. Den Ricotta, den Gorgonzola und das Eigelb untermischen und die Masse mit Salz, Pfeffer und Muskatnuss würzen.

4. Den Backofen auf 200 °C vorheizen. Den Crespelleteig kurz durchrühren. Etwas Butter in einer Pfanne erhitzen und 1 Schöpflöffel Teig hineingeben, durch leichtes Schwenken der Pfanne gleichmäßig dünn verteilen und bei mittlerer Hitze auf der Unterseite 2 bis 3 Minuten goldbraun backen. Den Pfannkuchen wenden und auf der anderen Seite ebenfalls goldbraun backen. Noch 3 Crespelle ebenso backen.

5. Die Crespelle mit der Trevisanofüllung bestreichen und zweimal zusammenklappen, sodass Dreiecke entstehen. Die Crespelle in eine Auflaufform legen und im Ofen etwa 10 Minuten backen. Nach Belieben mit geriebenem Parmesan oder Greyezer bestreuen. Auf Teller verteilen und servieren. Dazu passt Blattsalat.

Bachmeiers Tipp:

Für die Nussbutter 50 g Butter in einen kleinen Topf geben und zerlassen. Bei mittlerer Temperatur unter ständigem Rühren weiter erhitzen – das Rühren ist sehr wichtig, damit sich die Molke nicht absetzt. Wenn die Butter eine nussbraune Farbe angenommen hat und aromatisch duftet, ist sie fertig.

Gratinierte Gnocchi
mit Salbei

Zutaten für 4 Personen:

1 kg mehligkochende Kartoffeln

Salz

1 Ei

250 – 300 g Mehl

Mehl für die Arbeitsfläche

4 EL Butter und Butter für die Form

weißer Pfeffer aus der Mühle

frisch geriebene Muskatnuss

½ Bund Salbei

50 g grob geriebener Parmesan

1. Die Kartoffeln waschen und mit der Schale in kochendem Salzwasser etwa 20 Minuten weich garen. Abgießen, ausdampfen lassen, möglichst heiß pellen und durch die Kartoffelpresse in eine Schüssel drücken. Abkühlen lassen.

2. Das Ei und das Mehl zu den Kartoffeln geben, mit Salz würzen und die Masse mit den Händen zu einem glatten, elastischen Teig verarbeiten. Falls der Teig zu klebrig sein sollte, noch etwas Mehl dazugeben. Den Teig zugedeckt mindestens 20 Minuten ruhen lassen.

3. Den Teig in 6 gleich große Portionen teilen und auf der bemehlten Arbeitsfläche zu Rollen von 1 ½ cm Durchmesser formen. In etwa 2 cm lange Stücke schneiden und nach Belieben mit einem Gabelrücken Rillen eindrücken.

4. In einem Topf reichlich Salzwasser zum Kochen bringen. Die Gnocchi portionsweise hineingeben und leicht siedend garen, bis sie an die Oberfläche steigen. Dann die Gnocchi weitere 2 bis 3 Minuten ziehen lassen. In ein Sieb abgießen und abtropfen lassen.

5. Den Backofen auf 220 °C vorheizen. Einen ofenfesten Topf oder eine Auflaufform einfetten und die Gnocchi hineingeben, leicht mit Salz, weißem Pfeffer und Muskatnuss würzen. Den Salbei waschen und trocken schütteln, die Blätter abzupfen. Die Gnocchi mit Salbeiblättern und Parmesan bestreuen. Mit Butterflocken belegen und im Ofen auf der mittleren Schiene etwa 15 Minuten gratinieren.

Bachmeiers Tipp:

Anstatt im Ofen können Sie die Gnocchi auch in der Pfanne zubereiten: Dafür 1 EL Butter in einer Pfanne erhitzen und die Gnocchi mit dem Salbei darin goldbraun anbraten. Zum Schluss mit dem Käse bestreuen und servieren.

Gnocchi
in Kohlrabigemüse

1. Die Kartoffeln waschen und mit der Schale in kochendem Salzwasser etwa 20 Minuten weich garen. Abgießen und kurz ausdampfen lassen. Die Kartoffeln möglichst heiß pellen und durch die Kartoffelpresse in eine Schüssel drücken. Die Kartoffelmasse leicht abkühlen lassen.

2. Das Ei und das Mehl zu den Kartoffeln geben, mit Salz würzen und die Masse mit den Händen zu einem glatten, elastischen Teig verarbeiten. Falls der Teig zu klebrig sein sollte, noch etwas Mehl dazugeben. Den Teig zugedeckt mindestens 20 Minuten ruhen lassen.

3. Inzwischen für das Kohlrabigemüse die Petersilie waschen und trocken tupfen, die Blätter abzupfen und klein hacken. Die Kohlrabi putzen, schälen und in kleine Würfel schneiden. Das Kohlrabigrün waschen, trocken tupfen und klein schneiden. Die Brühe und die Sahne in einem Topf erhitzen. Die Kohlrabistücke dazugeben und etwa 20 Minuten garen.

4. Den Kartoffelteig in 6 gleich große Portionen teilen und auf der bemehlten Arbeitsfläche zu Rollen von 1 ½ cm Durchmesser formen. In etwa 2 cm lange Stücke schneiden und nach Belieben mit einem Gabelrücken Rillen eindrücken.

5. In einem Topf reichlich Salzwasser zum Kochen bringen. Die Gnocchi portionsweise hineingeben und leicht siedend garen, bis sie an die Oberfläche steigen. Dann die Gnocchi weitere 2 bis 3 Minuten ziehen lassen. In ein Sieb abgießen und abtropfen lassen.

6. Die Petersilie und das Kohlrabigrün unter die Kohlrabistücke rühren. Die Butter hinzufügen und das Gemüse mit Cayennepfeffer, Salz und Muskatnuss würzen.

7. Die Gnocchi in einer Pfanne mit der Butter und 1 EL Wasser kurz erwärmen. Das Kohlrabigemüse untermischen. Den Mimolette darüberhobeln. Die Gnocchi mit dem Kohlrabigemüse auf Teller verteilen und servieren.

Zutaten für 4 Personen:

Für die Gnocchi:

1 kg mehligkochende Kartoffeln

Salz

1 Ei

250 – 300 g Mehl

Mehl für die Arbeitsfläche

1 EL Butter

Für das Kohlrabigemüse:

2 Stiele Petersilie

2 Kohlrabi (mit Grün)

3 EL Gemüsebrühe

2 EL Sahne

2 EL kalte Butter

Cayennepfeffer · Salz

frisch geriebene Muskatnuss

Außerdem:

100 g Mimolette (franz. Hartkäse; am Stück, ersatzweise mittelalter Gouda, Parmesan)

Leberwurst-Apfel-Strudel
mit Apfelkren

Zutaten für 4 Personen:

Für den Leberwurst-Apfel-Strudel:

2 Äpfel

3 frische Leberwürste (à ca. 100 g; beim Metzger vorbestellen)

100 g Parmaschinken (in Scheiben)

3 EL Butter

Salz · Pfeffer aus der Mühle

1 EL Majoranblättchen

1 Eigelb

1 EL Sahne

1 Filoteigblatt

100 g Sauerkraut

Für den Apfelkren:

1 Apfel

Saft von 1 Zitrone

50 – 100 g frischer Meerrettich

Salz

1. Für den Strudel die Äpfel vierteln, schälen, entkernen und das Fruchtfleisch in etwa walnussgroße Würfel schneiden. Die Leberwürste pellen und ebenfalls in walnussgroße Stücke schneiden. Den Parmaschinken in feine Streifen schneiden.

2. Die Butter in einer Pfanne erhitzen und die Äpfel und die Leberwurst darin bei mittlerer Hitze braten, bis die Leberwurst dunkel geröstet ist. Gegebenenfalls mit Salz und Pfeffer nachwürzen. Die Majoranblätter untermischen, die Masse auf ein Blech verteilen und auskühlen lassen. Das Eigelb mit der Sahne verrühren.

3. Den Backofen auf 200 °C vorheizen. Den Filoteig auf einem Tuch ausbreiten. Den Teig mit der Hälfte der Eiersahne bestreichen und den Parmaschinken darauf verteilen. Das Sauerkraut ausdrücken und auf den Schinken legen. Dann die Leberwurst-Apfel-Mischung mittig auf dem Sauerkraut verteilen und den Teig aufrollen.

4. Den Strudel mit der Naht nach unten auf ein mit Backpapier belegtes Backblech legen, mit der restlichen Eiersahne bestreichen und im Ofen auf der mittleren Schiene etwa 25 Minuten backen.

5. Für den Apfelkren den Apfel vierteln, schälen und fein in eine Schüssel reiben. Sofort mit etwas Zitronensaft beträufeln. Den Meerrettich schälen und ebenfalls fein zum Apfel reiben (je nach gewünschter Schärfe etwas mehr oder weniger Meerrettich verwenden). Beides gut vermischen und mit dem Kartoffelstampfer stampfen, bis der Meerrettich weich ist. Den Apfelkren mit Salz und Zitronensaft abschmecken.

6. Den Strudel herausnehmen und in Stücke schneiden. Auf Teller verteilen, nach Belieben etwas Meerrettich darüberreiben und den Apfelkren dazu servieren.

Fisch & Meeresfrüchte

Schon als Kind hat es mich immer wieder in die Küche gezogen. Von daher war es auch logisch, dass ich Koch geworden bin. Zunächst habe ich im elterlichen Betrieb im niederbayerischen Eggenfelden gelernt. Dann bin ich in ein fränkisches Sternerestaurant gegangen – und dort ist das Kochen zur Leidenschaft geworden. So viele neue Produkte und so viele neue Arten zu kochen, da hat sich für mich eine neue kulinarische Welt erschlossen.

Was mich mit am meisten fasziniert, ist Fisch: Kaum ein Produkt ist so vielseitig und vielschichtig. Man kann ihn roh essen, frittieren, dämpfen, braten und grillen. Und er schmeckt immer.

Das Allerwichtigste beim Fisch ist die Art und Weise des Garens. Wird er nämlich zu heiß, zerfällt er und wird lätschert. Und der feine Geschmack ist auch weg. Einen Fisch oder auch Meeresfrüchte richtig gut auf den Teller zu bringen, das ist gar nicht so schwer, wie es sich anhört. Das Entscheidende sind eine gute Ware, die passende Gartemperatur und das perfekte Timing beim Servieren.

Noch ein Wort zur Herkunft. Die Region auf dem Teller – ich bin ja für die heimischen Produkte, aber man sollte auch ab und zu mal über den Tellerrand hinausschauen. Bei Fischgerichten darf natürlich auch was aus dem Meer auf den Tisch kommen. Gerade die Abwechslung macht doch das Genießen so spannend. Die Heimat im Herzen tragen heißt ja nicht, dass alles andere zu 100 Prozent ausgeschlossen wird. Also gönnen Sie sich ruhig mal Jakobsmuscheln und Scampi, oder probieren Sie eine Seezunge. Denn etwas Gesünderes als Fisch und Meeresfrüchte werden Sie so schnell nicht finden.

Garnelen-Tempura
auf Zuckerschotensalat

Zutaten für 4 Personen:

Für die Mayonnaise:

1 Eigelb

1 Ei

1 TL Senf

Salz

Zucker

Cayennepfeffer

400 ml Öl

Für den Zuckerschotensalat:

200 g Zuckerschoten

1 kleine Chilischote

2 EL Butter

1 EL Sesamöl

1 – 2 EL Sojasauce

Für die Garnelen-Tempura:

4 Riesengarnelen (ohne Kopf, mit Schale; ersatzweise Kaisergranate)

Salz

Worcestershiresauce

100 g Tempuramehl

Öl zum Frittieren

1. Für die Mayonnaise alle Zutaten Zimmertemperatur annehmen lassen. Das Eigelb mit dem Ei, Senf und den Gewürzen in einen hohen Rührbecher geben und mit dem Stabmixer verrühren. Das Öl zunächst tropfenweise, dann in dünnem Strahl untermixen, bis eine cremige Mayonnaise entstanden ist. Zugedeckt kühl stellen.

2. Für den Salat die Zuckerschoten putzen, waschen und der Länge nach in feine Streifen schneiden. Die Chilischote der Länge nach halbieren, entkernen, waschen und ebenfalls in feine Streifen schneiden.

3. Die Butter und das Sesamöl in einer Pfanne erhitzen und die Zuckerschoten darin bei mittlerer Hitze 3 bis 4 Minuten andünsten. Die Chilischote dazugeben und mit der Sojasauce ablöschen. Warm stellen.

4. Die Garnelen bis auf den Schwanzfächer schälen, am Rücken entlang einschneiden und den Darm entfernen. Die Garnelen waschen, trocken tupfen und mit Salz und Worcestershiresauce würzen.

5. Das Tempuramehl mit 160 ml eiskaltem Wasser in einer Schüssel verrühren. Das Öl in einem großen Topf erhitzen. Es ist heiß genug, wenn sich an einem hineingehaltenen Holzlöffelstiel Blasen bilden. Die Garnelen einzeln durch den Teig ziehen und im Öl 6 bis 8 Minuten frittieren. Mit dem Schaumlöffel herausnehmen und auf Küchenpapier abtropfen lassen.

6. Den Zuckerschotensalat auf vorgewärmte Teller verteilen und die Garnelen darauf anrichten. Mit etwas Mayonnaise beträufelt servieren.

Doradenfilet
mit Bohnen und Chorizo

Zutaten für 4 Personen:

Für das Bohnenpüree:

180 g getrocknete weiße Bohnen

1 Karotte · 2 Schalotten

2 Knoblauchzehen

½ Stange Staudensellerie

je 1 Stiel Petersilie, Rosmarin und Thymian und 1 Lorbeerblatt

400 ml Geflügelfond

200 ml Olivenöl

Salz · weißer Pfeffer aus der Mühle

Cayennepfeffer

Für den Bohnensalat:

100 g dicke Bohnenkerne (frisch oder tiefgekühlt

50 g Chorizo (in Würfeln)

50 g getrocknete Tomaten

1 EL Butter

je 50 g rote und gelbe Paprikaschote (in Würfeln)

1 EL Weißweinessig

1 EL Olivenöl

Salz · Cayennepfeffer

½ TL gehackte Petersilie

Für die Dorade:

4 Doradenfilets (à 150 g; mit Haut)

Salz · 1 Knoblauchzehe

2 Zweige Thymian

1 EL Olivenöl · 3 EL kalte Butter

1. Am Vortag für das Bohnenpüree die weißen Bohnen in reichlich kaltem Wasser einweichen und über Nacht quellen lassen. Am nächsten Tag die Karotte putzen und schälen, die Schalotten und den Knoblauch schälen, den Sellerie putzen und waschen. Das Gemüse in grobe Stücke schneiden. Die Kräuter waschen, trocken schütteln und zu einem Sträußchen binden.

2. Die Bohnen abgießen und mit Gemüsewürfeln, Kräutern und Fond in einem Topf aufkochen. Zugedeckt bei schwacher Hitze etwa 35 Minuten garen. Die Bohnen in ein Sieb abgießen und die Garflüssigkeit auffangen. Gemüse und Kräuter entfernen.

3. Etwa 100 g weiße Bohnen beiseitestellen. Die restlichen Bohnen mit dem Stabmixer oder im Küchenmixer fein pürieren, mit 150 ml der Garflüssigkeit mischen und nach Belieben durch ein Sieb streichen. Das Olivenöl mit dem Schneebesen unterrühren und bei Bedarf noch etwas Flüssigkeit hinzufügen, bis das Püree eine geschmeidige Konsistenz hat. Mit Salz, Pfeffer und 1 Prise Cayennepfeffer abschmecken. Warm halten.

4. Für den Bohnensalat die dicken Bohnen in kochendem Salzwasser 2 Minuten blanchieren. In ein Sieb abgießen, kalt abschrecken und gut abtropfen lassen. Die Bohnenkerne aus den Häutchen drücken und mit den ganzen weißen Bohnen mischen. Die Chorizo und die getrockneten Tomaten in kleine Würfel schneiden.

5. Die Butter in einer Pfanne erhitzen und die Chorizo bei mittlerer Hitze darin anbraten, dann die Paprika, die Tomaten und die Bohnen dazugeben. Etwas Bohnengarflüssigkeit angießen und mit Essig, Olivenöl, Salz und Cayennepfeffer abschmecken. Die gehackte Petersilie untermischen. Beiseitestellen und ziehen lassen.

6. Für die Dorade den Fisch waschen, trocken tupfen und mit Salz würzen. Den Knoblauch ungeschält andrücken, den Thymian waschen und trocken tupfen. Das Olivenöl in einer Pfanne erhitzen und die Filets darin bei mittlerer Hitze auf der Hautseite 5 Minuten anbraten. Wenn sich der Fisch wölbt, die Filets mit einem Teller beschweren. Die Filets wenden, die Butter, den Knoblauch und den Thymian dazugeben und bei schwacher Hitze 2 bis 3 Minuten fertig garen, dabei immer wieder mit der Butter beträufeln.

7. Das warme Bohnenpüree auf Teller verteilen, den Fisch daneben anrichten und nach Belieben mit etwas Zitronenolivenöl beträufeln. Den Bohnensalat über dem Fisch verteilen und nach Belieben mit Basilikumblättern garnieren.

Doradenfilet
mit Fenchel und Orange

1. Den Fenchel putzen, waschen und achteln, dabei den harten Strunk entfernen. Das Fenchelgrün abschneiden und beiseitelegen.

2. Die Orangen heiß waschen und trocken reiben. Die äußere Schale mit dem Sparschäler abschälen und in feine Streifen schneiden. Die Orangen dann so schälen, dass die weiße Haut mitentfernt wird, und die Filets aus den Trennhäuten schneiden. Den austretenden Saft auffangen und die Fruchtfilets im Orangensaft beiseitestellen.

3. Eine Knoblauchzehe ungeschält andrücken. In einem Topf 1 EL Olivenöl erhitzen, den Knoblauch und den Fenchel dazugeben und bei mittlerer Hitze rundum hell anbraten. Die Lorbeerblätter und die Orangenschale hinzufügen und mit etwas Fleur de Sel würzen. Mit dem Orangensaft (ohne Filets) ablöschen und den Fenchel zugedeckt bei schwacher Hitze 10 bis 15 Minuten weich schmoren.

4. Inzwischen die Doradenfilets waschen, trocken tupfen und mit Fleur de Sel würzen. Den restlichen Knoblauch ungeschält andrücken, die Kräuter waschen und trocken tupfen.

5. Das übrige Olivenöl in einer Pfanne erhitzen und die Doradenfilets darin bei mittlerer Hitze auf der Hautseite 5 Minuten anbraten. Wenn sich der Fisch wölbt, mit einem Teller beschweren. Die Filets wenden, die Butter, den Knoblauch und die Kräuter dazugeben und bei schwacher Hitze 1 bis 2 Minuten weiterbraten, dabei immer wieder mit der Butter beträufeln.

6. Die Doradenfilets aus der Pfanne nehmen, zum Fenchel geben und 1 bis 2 Minuten gar ziehen lassen. Zum Schluss die Orangenfilets dazugeben und kurz erwärmen.

7. Die Fischfilets mit dem Fenchel und den Orangenfilets auf vorgewärmten Tellern anrichten und mit dem Fenchelgrün garnieren. Etwas Fenchel-Orangen-Sud darüberträufeln und die Lorbeerblätter in die Doradenfilets stecken.

Zutaten für 4 Personen:

2 Fenchelknollen

2 unbehandelte Orangen

2 Knoblauchzehen

2 EL Olivenöl

4 Lorbeerblätter

Fleur de Sel

4 Doradenfilets (à 150 g; mit Haut)

1 Zweig Thymian

1 Zweig Rosmarin

2 EL kalte Butter

Steinbuttfilet
auf Muschel-Tomaten-Ragout

Zutaten für 4 Personen:

Für das Muschel-Tomaten-Ragout und den Steinbutt:

1 kg Miesmuscheln

1 Zweig Thymian

2 Knoblauchzehen

60 ml Olivenöl

100 ml trockener Weißwein

500 g Tomaten

50 g Schalotten

60 g Zucchino

40 g Lauch

60 g Staudensellerie

800 g Steinbuttfilet

Salz

1 EL Butter

1 Bund Basilikum

Für die Sauce:

3 weiße Champignons

1 Schalotte

3 EL Butter

150 ml Champagner
(ersatzweise Prosecco oder Sekt)

2 EL Crème fraîche

150 g Sahne

Cayennepfeffer

1. Für die Muscheln die Miesmuscheln unter fließendem kaltem Wasser gründlich abbürsten und die Bärte der Muscheln entfernen. Die Muscheln 1 Stunde lang in kaltem Wasser stehen lassen, geöffnete Muscheln aussortieren.

2. Den Thymian waschen und trocken tupfen, 1 Knoblauchzehe ungeschält andrücken. In einem großen Topf 3 EL Olivenöl erhitzen. Thymian und Knoblauch darin andünsten. Die abgetropften Muscheln dazugeben. Mit dem Wein ablöschen und die Muscheln bei mittlerer Hitze zugedeckt etwa 5 Minuten garen, bis sie sich geöffnet haben.

3. Die Muscheln in ein Sieb abgießen, den Fond auffangen. Die Muscheln aus den Schalen lösen, nicht geöffnete Muscheln aussortieren.

4. Die Tomaten kreuzweise einritzen, überbrühen, häuten, vierteln und entkernen. Das Fruchtfleisch in Würfel schneiden. Schalotten und restlichen Knoblauch schälen, Zucchino, Lauch und Sellerie putzen und waschen. Alles in kleine Würfel schneiden.

5. Das übrige Olivenöl in einem Topf erhitzen und die Gemüsewürfel darin andünsten. Die Tomatenwürfel dazugeben und bei schwacher Hitze köcheln lassen. Nach und nach die Hälfte des Muschelfonds dazugießen und so lange köcheln, bis das Tomatenragout eine saucenartige Konsistenz hat. Beiseitestellen.

6. Für die Sauce die Champignons putzen und trocken abreiben, die Schalotte schälen. Beides in feine Würfel schneiden. Die Butter in einem Topf erhitzen, Pilze und Schalotte darin bei mittlerer Hitze andünsten. Mit dem Champagner ablöschen, einkochen lassen, den restlichen Muschelfond angießen und einkochen lassen. Die Crème fraîche und die Sahne unterrühren und mit 1 Prise Cayennepfeffer abschmecken. Die Sauce durch ein feines Sieb passieren und nach Belieben etwas kalte Butter untermixen.

7. Das Steinbuttfilet waschen, trocken tupfen, in 4 gleich große Stücke teilen und mit Salz würzen. Die Butter in einer Pfanne erhitzen und den Fisch darin bei schwacher Hitze auf jeder Seite 3 bis 4 Minuten braten, ohne dass er Farbe annimmt.

8. Das Basilikum waschen, trocken schütteln, die Blätter abzupfen und in feine Streifen schneiden. Das Tomatenragout aufkochen, das ausgelöste Muschelfleisch darin erhitzen und das Basilikum dazugeben. Das Muschel-Tomaten-Ragout auf vorgewärmte Teller verteilen. Den gebratenen Steinbutt darauf anrichten und mit der Champagnersauce überziehen.

Kabeljau in Senfsauce
mit Mangold

Zutaten für 4 Personen:

Für den Mangold:

300 g Mangold · 2 Schalotten

1 Knoblauchzehe · 1 EL Olivenöl

1 EL kalte Butter

Salz · Pfeffer aus der Mühle

frisch geriebene Muskatnuss

Für die Senfsauce:

1 Schalotte · 2 Champignons

2 EL Butter · 2 EL Mehl

150 g Sahne · 70 ml Riesling

300 ml Geflügelfond

1 EL Crème fraîche

1 Spritzer Worcestershiresauce

Saft von ½ Zitrone · 1 EL Dijon-Senf

1 TL grobkörniger Senf · Salz

Für den Kabeljau:

4 Kabeljaufilets (à 180 g; mit Haut)

Salz · je 1 Zweig Thymian und Rosmarin

1 Knoblauchzehe · 2 EL Olivenöl

1 EL kalte Butter

1. Für den Mangold den Mangold in die einzelnen Blätter teilen, waschen und trocken schütteln. Die Blätter in grobe Stücke schneiden. Die Stiele in kleine Würfel schneiden. Die Schalotten und den Knoblauch schälen und in feine Würfel schneiden.

2. Das Olivenöl in einem Topf erhitzen, Zwiebel, Knoblauch und Mangoldstiele darin bei mittlerer Hitze 5 Minuten andünsten. Die Mangoldblätter dazugeben und zugedeckt etwa 8 Minuten zusammenfallen lassen. Die letzten 3 Minuten offen garen, die kalte Butter unterrühren und den Mangold mit Salz, Pfeffer und Muskatnuss würzen.

3. Für die Senfsauce die Schalotte schälen und in feine Würfel schneiden. Die Champignons putzen, trocken abreiben und in kleine Würfel schneiden. Die Butter in einem Topf erhitzen und die Schalotte darin andünsten. Die Pilze hinzufügen und kurz mitdünsten. Mit dem Mehl bestäuben. Die Sahne und den Wein mit einem Schneebesen unterrühren und 10 Minuten bei schwacher Hitze köcheln lassen.

4. Den Fond dazugeben und etwas einkochen lassen. Die Crème fraîche unterrühren. Zum Schluss die Worcestershiresauce, den Zitronensaft sowie beide Senfsorten hinzufügen. Die Senfsauce mit Salz abschmecken.

5. Den Kabeljau waschen, trocken tupfen und mit Salz würzen. Die Kräuter waschen und trocken tupfen. Den Knoblauch ungeschält andrücken. Das Olivenöl in einer Pfanne erhitzen und den Kabeljau auf der Hautseite bei schwacher Hitze 4 bis 5 Minuten braten. Wenn der Fisch fast gar ist, die kalte Butter in die Pfanne geben, die Rosmarin- und Thymianzweige sowie den Knoblauch hinzufügen und den Fisch wenden. Die Pfanne vom Herd nehmen und den Fisch 6 bis 8 Minuten gar ziehen lassen, dabei immer wieder mit der Butter beschöpfen.

6. Den Mangold auf vorgewärmten Tellern anrichten. Den Fisch daraufgeben und die Senfsauce außen herum angießen.

Seeteufelfilet
auf Schwarzwurzelgemüse

1. Die Kapern in kaltes Wasser legen. Die Schwarzwurzeln schälen, waschen und sofort in die Milch legen, damit sie sich nicht verfärben. Die Schwarzwurzeln in einem Topf mit kochendem Salzwasser etwa 15 Minuten bissfest garen.

2. Die Schwarzwurzeln in ein Sieb abgießen und abtropfen lassen. Die Stangen schräg in 1 cm dicke Scheiben schneiden. In einem kleinen Topf 1 EL Butter zerlassen, die Schwarzwurzeln dazugeben und bei schwacher Hitze andünsten. Mit ½ TL Zucker bestreuen und leicht karamellisieren. Mit je 1 kleinen Schuss Essig und Wasser ablöschen und vom Herd nehmen. Die Schwarzwurzeln lauwarm abkühlen lassen.

3. Die Rote Bete gründlich waschen und in einem Entsafter entsaften. Den Rote-Bete-Saft in einem kleinen Topf auf etwa ein Drittel einkochen. 70 g Butter in kleinen Stücken mit dem Schneebesen unterschlagen und die Buttersauce mit Essig, Salz und Zucker abschmecken.

4. Die Kapern aus dem Wasser nehmen und auf Küchenpapier abtropfen lassen. Das Frittieröl in einer Pfanne erhitzen. Die Kapern hineingeben und etwa 1 Minute kross frittieren. Die Kapern herausnehmen und auf Küchenpapier abtropfen lassen.

5. Das Seeteufelfilet waschen, trocken tupfen, in 4 Stücke schneiden und mit Salz würzen. Das Olivenöl in einer Pfanne erhitzen und den Fisch darin bei mittlerer Hitze auf jeder Seite etwa 6 Minuten langsam anbraten. Die kalte Butter in der Pfanne zerlassen und immer wieder über den Fisch träufeln.

6. Den Schnittlauch waschen, trocken schütteln und in Röllchen schneiden. Unter die Schwarzwurzeln mischen. Die Schwarzwurzeln auf vorgewärmten Tellern anrichten, die Rote-Bete-Buttersauce darum herumträufeln und den Seeteufel daraufsetzen. Die Kapern in ein Küchensieb geben und mit etwas Druck über den Seeteufel reiben.

Zutaten für 4 Personen:

100 g Kapern (in Salz eingelegt)

4 Schwarzwurzeln

200 ml Milch

Salz

70 g Butter

Zucker

Weißweinessig

1 Rote Bete (ersatzweise 200 ml Rote-Bete-Saft)

100 ml Öl zum Frittieren

600 g Seeteufelfilet (mit Haut)

1 EL Olivenöl

3 EL kalte Butter

1 Bund Schnittlauch

Seezungenröllchen
mit Lachs und Rotweinbutter

Zutaten für 4 Personen:

Für die Rotweinbutter:

4 Schalotten

Salz

½ l Rotwein

¼ l roter Portwein

150 g Butter

Für die Seezungenröllchen:

200 g Lachsfilet (oder Lachs-
forellenfilet)

Salz

frisch geriebene Muskatnuss

Cayennepfeffer

200 g eiskalte Sahne

4 Seezungenfilets (à 100 g)

5 EL Butter

600 g Blattspinat

1 Knoblauchzehe

1. Für die Rotweinbutter die Schalotten schälen, in feine Würfel schneiden und kurz in kochendem Salzwasser blanchieren. In ein Sieb abgießen und abtropfen lassen. Mit dem Rotwein und dem Portwein in einem kleinen Topf bei mittlerer Hitze einkochen lassen, bis die Flüssigkeit eine geleeartige Konsistenz hat.

2. Den Topf vom Herd nehmen und das Gelee 5 Minuten abkühlen lassen. Den Topf wieder auf den Herd stellen, das Gelee mit 1 Spritzer Portwein lösen und nach und nach die Butter mit dem Schneebesen unterrühren. Die Buttersauce mit Salz abschmecken und beiseitestellen.

3. Für die Seezunge das Lachsfilet waschen, trocken tupfen und in kleine Würfel schneiden. Mit Salz, Muskatnuss und Cayennepfeffer würzen und im Tiefkühlfach 15 Minuten anfrieren lassen. Dann im Blitzhacker grob zerkleinern. Die eiskalte Sahne dazugeben und untermixen. Die Farce durch ein Sieb streichen und noch etwas nachwürzen.

4. Die Seezungenfilets waschen, trocken tupfen und mit der Silberhautseite nach oben auf die Arbeitsfläche legen. Die Filets mit Salz würzen und mit der Farce bestreichen. Die Filets aufrollen und mit kleinen Holzspießchen feststecken. Bei Bedarf mit einem Holzstäbchen fixieren.

5. In einem Dämpftopf Wasser zum Kochen bringen. Den dazu passenden Dämpfeinsatz mit 1 EL Butter einfetten, die Seezungenröllchen daraufsetzen und bei mittlerer Hitze zugedeckt etwa 25 Minuten dämpfen.

6. Inzwischen den Spinat verlesen, waschen und trocken schleudern. Grobe Stiele entfernen. Die restliche Butter in einer Pfanne zerlassen und mit Salz und Muskatnuss würzen. Die ungeschälte Knoblauchzehe andrücken und zur Butter geben. Den Spinat hinzufügen und durchschwenken, bis er zusammengefallen ist. Bei Bedarf nachwürzen.

7. Den Spinat auf vorgewärmte Teller verteilen und die Rotweinbutter darübergeben. Die Seezungenröllchen darauf anrichten und nach Belieben mit 200 ml Champagnersauce (siehe S. 78) beträufeln.

Goldbarsch süßsauer
mit Rotweinpaprika

Zutaten für 4 Personen:

Für die Rotweinpaprika:

2 rote Paprikaschoten

1 Zweig Rosmarin

50 g Butter · 1 EL Olivenöl

Puderzucker zum Bestäuben

3 EL Rotweinessig

200 ml kräftiger Rotwein

Meersalz

Für den Goldbarsch:

150 g Mehl und Mehl zum Wenden

3 Eier

150 ml Weißwein

50 g flüssige Butter · Salz

1 l Öl oder Pflanzenfett zum Frittieren

4 Stücke Goldbarsch (à 150 g)

Meersalz · Zitronensaft

1. Für die Rotweinpaprika die Paprikaschoten längs halbieren, entkernen, waschen und in etwa 2 cm große Stücke schneiden. Den Rosmarin waschen, trocken tupfen und die Nadeln abzupfen. Die Butter und das Olivenöl in einer Pfanne erhitzen und die Paprikaschoten darin bei mittlerer Hitze andünsten. Mit dem Puderzucker bestäuben, karamellisieren und mit dem Essig ablöschen.

2. Den Wein angießen, den Rosmarin dazugeben und die Paprikaschoten mit Meersalz würzen. Zugedeckt bei schwacher Hitze etwa 15 Minuten weich schmoren.

3. Inzwischen für den Goldbarsch das Mehl in eine Schüssel sieben. Die Eier trennen. Den Wein zum Mehl geben und gut verrühren, dann die Eigelbe und die flüssige Butter unterrühren. Die Eiweiße zu steifem Schnee schlagen, mit dem Schneebesen unterrühren und den Teig mit Salz würzen.

4. Das Öl oder Pflanzenfett in einem Topf auf etwa 175 °C erhitzen. Es ist heiß genug, wenn sich an einem hineingehaltenen Holzlöffelstiel Blasen bilden. Die Goldbarschstücke waschen, trocken tupfen, mit Salz würzen und in etwas Mehl wenden. Die Fischstücke durch den Ausbackteig ziehen und im Fett auf beiden Seiten jeweils etwa 6 Minuten goldbraun ausbacken.

5. Die Fischstücke mit dem Schaumlöffel herausnehmen und kurz auf Küchenpapier abtropfen lassen. Mit Meersalz würzen und mit Zitronensaft beträufeln.

6. Die Paprikaschoten mit Essig, Zucker und Salz abschmecken und samt Sud auf vorgewärmte Teller verteilen. Den Goldbarsch darauf anrichten.

Bachmeiers Tipp:

Ein raffiniertes Topping für den Goldbarsch ist frittierte Petersilie: Dafür 1 Bund Petersilie waschen, trocken schütteln und nach dem Fisch im Fett frittieren. Herausnehmen und auf Küchenpapier abtropfen lassen. Den Goldbarsch mit der knusprigen Petersilie garnieren.

Wolfsbarsch
in der Salzkruste

1. Die Kräuter waschen und trocken schütteln, die ungeschälte Knoblauchzehe andrücken. Den Wolfsbarsch innen und außen waschen, trocken tupfen und mit Pfeffer würzen. Basilikum, Kerbel, Petersilie und 2 Zweige Thymian mit dem Knoblauch und der Zitronenschale in die Bauchhöhle legen.

2. Für die Salzkruste das Meersalz mit den Eiweißen, dem Mehl und der Speisestärke verrühren. Vom restlichen Thymian die Blättchen abzupfen und untermischen.

3. Den Backofen auf 230 °C vorheizen. Ein Backblech mit Alufolie belegen und darauf aus dem Meersalz ein etwa 1 cm hohes Bett n der Größe des Fisches formen. Den Fisch darauflegen, mit dem übrigen Meersalz bedecken und in Form bringen. Dabei in Höhe der Rückenflosse in die Mitte des Fisches einen abgezupften Thymianzweig in das Salz stecken. Den Fisch in der Salzkruste im Ofen auf der mittleren Schiene 25 bis 30 Minuten garen.

4. Den Fisch herausnehmen. Die Salzkruste ringsum auf Höhe der Rückenflosse vorsichtig mit einem Sägemesser aufschneiden. D e Haut entfernen und die Wolfsbarschfilets auslösen. Dazu passt frisches Weißbrot, Salzkartoffeln oder Reis.

Zutaten für 4 Personen:

je 2 Stiele Basilikum, Kerbel und Petersilie

4 Zweige Thymian

1 Knoblauchzehe

1 Wolfsbarsch (ca. 1,2 kg; ohne Kiemen)

Pfeffer aus der Mühle

1 Streifen unbehandelte Zitronenschale

1½ kg Meersalz · 4 Eiweiß

100 g Mehl · 50 g Speisestärke

Bachmeiers Tipp:

Fische in Salzkruste sollten stets ohne Kiemen gegart werden, weil sie sonst einen leicht bitteren Beigeschmack bekommen. Der Thymianzweig markiert das dickste Stück des Fisches. Um festzustellen, ob der Fisch gar ist, mit einer Gabel in Höhe des Zweiges vorsichtig durch das Salz stechen. Wenn die Gabel den Fisch berührt und sich dann ohne großen Widerstand in Richtung Mittelgräte durchschieben lässt, ist der Fisch fertig.

Wolfsbarschfilet
auf Selleriepüree mit Pfifferlingen

Zutaten für 4 Personen:

Für den Wolfsbarsch:

2 Wolfsbarschfilets (à 400 g;
mit Haut)

Olivenöl

Fleur de Sel · Pfeffer aus der Mühle

Für das Selleriepüree:

200 g Knollensellerie

50 g Butter

200 g Sahne

Salz · frisch geriebene Muskatnuss

Für die Pfifferlinge:

1 Schalotte

2 Aprikosen

300 g Pfifferlinge

4 Basilikumblätter

50 g Butter

Salz · Pfeffer aus der Mühle

1. Für den Wolfsbarsch die Fischfilets waschen und trocken tupfen. Die Filets mit der Hautseite nach unten auf ein Brett legen und mit einem Filetiermesser schräg dünne Scheiben von der Haut schneiden.

2. Für das Selleriepüree den Sellerie putzen, schälen und in etwa walnussgroße Würfel schneiden. Die Butter in einem Topf erhitzen und bei mittlerer Hitze leicht bräunen. Den Sellerie darin kurz andünsten. Die Sahne angießen und den Sellerie zugedeckt etwa 20 Minuten weich garen.

3. Den Sellerie in ein Sieb abgießen, die Sahne dabei auffangen. Den Sellerie mit dem Stabmixer oder im Küchenmixer fein pürieren. Nach und nach die Sahne untermixen, bis das Püree eine cremige Konsistenz hat. Das Püree nach Belieben durch ein feines Sieb streichen, mit Salz und Muskatnuss würzen und warm halten.

4. Für die Pfifferlinge die Schalotte schälen und in feine Würfel schneiden. Die Aprikosen waschen, halbieren, entsteinen und ebenfalls in feine Würfel schneiden. Die Pfifferlinge putzen und trocken abreiben. Die Basilikumblätter waschen und trocken tupfen.

5. Die Butter in einer Pfanne erhitzen und die Schalotte darin bei mittlerer Hitze andünsten. Die Pilze hinzufügen, mit Salz würzen und Wasser ziehen lassen. Die Aprikosen untermischen und mit Pfeffer würzen. Die Basilikumblätter in feine Streifen schneiden und untermischen.

6. Den Backofen auf 200 °C Oberhitze vorheizen. Jeweils 1 großen EL Selleriepüree auf vorgewärmte Teller verteilen und glatt streichen. Die Fischscheiben darauf verteilen, mit Olivenöl beträufeln und mit Fleur de Sel und Pfeffer würzen.

7. Den Fisch im Ofen auf der obersten Schiene lauwarm erhitzen. Die heißen Pfifferlinge über dem Wolfsbarsch verteilen und nach Belieben mit Petersilie garniert servieren.

Pochierter Waller
im Wurzelsud mit Beurre blanc

Zutaten für 4 Personen:

Für den Waller:

je 60 g Karotten, Knollensellerie und Lauch

½ Zwiebel · 1 Lorbeerblatt

3 Gewürznelken

je 1 Stiel Dill und Petersilie

100 ml Weißwein

Weißweinessig

½ unbehandelte Zitrone

4 Wallerkoteletts (à ca. 200 g)

Salz · 3 EL Butter

1 EL gehackte Petersilie

Pfeffer aus der Mühle

Für die Beurre blanc:

2 Schalotten · 1 EL Butter

100 ml Weißwein

150 g kalte Butter

Weißweinessig

Salz · Pfeffer aus der Mühle

1 EL geschlagene Sahne

1. Für den Waller die Karotte und den Sellerie putzen und schälen, den Lauch putzen und waschen. Das Gemüse in feine Streifen schneiden. Die Zwiebel schälen, mit dem Lorbeerblatt belegen und dieses mit den Gewürznelken feststecken. Die Kräuter waschen und trocken schütteln.

2. Den Wein mit 400 ml Wasser und 1 Spritzer Essig in einem Topf aufkochen. Die Zitrone, Dill, Petersilie sowie die gespickte Zwiebel hinzufügen. Die Wallerkoteletts waschen, trocken tupfen, mit Salz würzen und in den Fond legen. Knapp unter dem Siedepunkt 12 bis 15 Minuten ziehen lassen, bis der Waller sich von den Gräten lösen lässt.

3. Die Butter in einer Pfanne zerlassen und die Gemüsestreifen darin bei mittlerer Hitze andünsten. Mit 1 Schöpflöffel Wallerfond ablöschen und bissfest garen. Zum Schluss die gehackte Petersilie dazugeben und das Gemüse mit Salz und Pfeffer würzen.

4. Für die Beurre blanc die Schalotten schälen und in feine Würfel schneiden. Die Butter in einem kleinen Topf erhitzen und die Schalotten darin andünsten. Mit dem Wein und 100 ml Wallerfond ablöschen und bei starker Hitze auf die Hälfte einkochen lassen.

5. Den Sud durch ein feines Sieb in einen Topf gießen. Die kalte Butter in Stückchen schneiden und nach und nach mit dem Schneebesen in den heißen, nicht mehr kochenden Sud rühren, bis die Sauce bindet. Nicht mehr kochen lassen!

6. Die Beurre blanc mit einigen Tropfen Essig, Salz und Pfeffer abschmecken und mit dem Stabmixer aufschlagen. Unmittelbar vor dem Servieren die geschlagene Sahne unterziehen.

7. Die Wallerkoteletts von den Gräten lösen und auf vier vorgewärmte Teller verteilen. Die Gemüsestreifen über den Waller geben und mit der Beurre blanc überziehen. Nach Belieben frischen Meerrettich darüberhobeln.

Gedämpfter Huchen
mit Sherry-Mandel-Spinat

1. Für den Spinat die Schalotten schälen und in feine Würfel schneiden. Den ungeschälten Knoblauch andrücken. Die Kartoffel schälen, waschen und in kleine Würfel schneiden.

2. Die Butter in einem Topf zerlassen. Die Schalotten, den Knoblauch und die Mandelblättchen dazugeben und bei mittlerer Hitze andünsten. Mit dem Sherry ablöschen und fast vollständig einkochen lassen. Die Brühe angießen, die Kartoffelwürfel hinzufügen und bei schwacher Hitze etwa 10 Minuten köcheln lassen. Den Spinat verlesen und waschen, grobe Stiele entfernen.

3. Für den Huchen die Schalotte schälen und halbieren, den Knoblauch ungeschält andrücken. In einem großen Topf wenig Wasser mit Schalotte, Knoblauch, Thymian, Zitronenschale und Lorbeerblatt aufkochen und dann bei mittlerer Hitze 5 Minuten leicht köcheln lassen.

4. Ein Stück Alufolie mit Butter bestreichen und in einen Dämpfeinsatz legen, die Folie mit einer Gabel mehrmals einstechen.

5. Die Huchenfilets waschen, trocken tupfen und mit Salz würzen. In den Dämpfeinsatz legen, den Einsatz in den Topf stellen und den Huchen zugedeckt bei mittlerer Hitze 8 bis 10 Minuten dämpfen.

6. Den Spinat zur Brühe geben und aufkochen lassen. Die Sahne hinzufügen und nochmals aufkochen lassen. Den Knoblauch entfernen und den Spinat mit dem Stabmixer grob pürieren. Mit Salz, Pfeffer und Muskatnuss abschmecken.

7. Das Spinatgemüse in vorgewärmte tiefe Teller verteilen und den gedämpften Huchen darauf anrichten.

Zutaten für 4 Personen:

Für den Sherry-Mandel-Spinat:

2 Schalotten · 1 Knoblauchzehe

1 mehligkochende Kartoffel

50 g Butter · 30 g Mandelblättchen

100 ml Sherry

300 ml Gemüsebrühe

400 g Blattspinat

100 g Sahne

Salz · Pfeffer aus der Mühle

frisch geriebene Muskatnuss

Für den Huchen:

1 Schalotte · 1 Knoblauchzehe

1 Zweig Thymian

1 Streifen unbehandelte Zitronenschale

1 Lorbeerblatt · 1 EL Butter

4 Huchenfilets (à 150 g; mit Haut)

Salz

Graupenrisotto mit Forelle
und Paprika-Zucchini-Vinaigrette

Zutaten für 4 Personen:

Für die Paprika-Zucchini-Vinaigrette:

1 rote Paprikaschote (ersatzweise gegrillte Paprika aus dem Glas)

1 kleiner Zucchino

1 EL Weißweinessig

3 EL Traubenkernöl (ersatzweise Sonnenblumenöl)

Salz · Zucker

1 Zweig Thymian

Für den Graupenrisotto:

120 g Perlgraupen · Salz

1 Schalotte

1 Knoblauchzehe

60 g rote Paprikaschote

4 Frühlingszwiebeln

1 EL Butter · 1 EL Öl

¼ – ½ l Hühnerbrühe

Pfeffer aus der Mühle

getrockneter Majoran

1 EL gehackte Petersilie

Außerdem:

4 Seeforellenstücke (à 150 g; mit Haut, ohne Gräten)

Salz · 1 EL Olivenöl

1. Für die Vinaigrette die Paprikaschote längs halbieren, entkernen und waschen. Die Paprika unter dem Ofengrill auf der obersten Schiene etwa 8 Minuten garen, bis die Haut dunkel wird und Blasen wirft. Paprika herausnehmen, mit einem feuchten Tuch bedecken und etwas abkühlen lassen. Paprika häuten und in feine Würfel schneiden. Den Zucchino putzen und waschen. Zuerst in dünne Scheiben, dann in feine Würfel schneiden. Mit den Paprikawürfeln mischen, mit dem Essig und dem Öl verrühren und mit Salz und Zucker würzen. Den Thymian waschen und trocken tupfen. Die Blättchen abzupfen und unter die Vinaigrette rühren.

2. Für den »Risotto« die Graupen in einem Sieb kalt abbrausen, bis das Wasser klar bleibt. In einem Topf reichlich Salzwasser aufkochen und die Graupen darin bei schwacher Hitze etwa 30 Minuten bissfest garen. In ein Sieb abgießen und abtropfen lassen.

3. Die Schalotte und den Knoblauch schälen. Die Paprikaschote mit dem Sparschäler schälen und alles in feine Würfel schneiden. Die Frühlingszwiebeln putzen, waschen und in feine Ringe schneiden.

4. Die Butter und das Öl in einem Topf erhitzen, die Schalotte und den Knoblauch darin bei schwacher Hitze andünsten. Die Paprika und die Frühlingszwiebeln dazugeben und kurz mitdünsten. Die Brühe in einem Topf aufkochen.

5. Die Graupen zum Gemüse geben und so viel heiße Brühe angießen, dass die Graupen bedeckt sind. Die Brühe unter häufigem Rühren einköcheln lassen. Den Vorgang wiederholen, bis die Graupen nach 8 bis 10 Minuten gar sind. Den »Risotto« mit Salz, Pfeffer und 1 Prise Majoran würzen, die Petersilie untermischen und alles warm halten.

6. Die Forellenfilets waschen, trocken tupfen und mit Salz würzen. Die Filets in einer Pfanne im Olivenöl auf der Hautseite etwa 8 Minuten braten.

7. Den »Risotto« auf Teller verteilen, die Seeforellenfilets mit der Hautseite nach oben darauf anrichten und mit der Paprika-Zucchini-Vinaigrette beträufeln.

Krosser Zander
mit Kohlrabisauce

Zutaten für 4 Personen:

Für die Kohlrabisauce:

1 Schalotte

1 kleine Kartoffel

200 g Kohlrabi

1 TL Butter

100 ml Hühnerbrühe

150 ml Fischfond

150 g Sahne

Salz · Pfeffer aus der Mühle

frisch geriebene Muskatnuss

2 EL geschlagene Sahne

Für die Vinaigrette:

1 kleine Rote Bete (gegart und geschält)

1 EL Champagneressig

2 EL Öl

Salz · Pfeffer aus der Mühle

etwas Zitronensaft

Für den Zander:

600 g Zanderfilet (mit Haut)

1 EL Öl

Meersalz · Pfeffer aus der Mühle

3 EL kalte Butter

1. Für die Kohlrabisauce die Schalotte schälen und in feine Würfel schneiden. Die Kartoffel schälen und waschen, den Kohlrabi putzen und schälen. Beides in kleine Würfel schneiden.

2. Die Butter in einem Topf erhitzen und die Schalotte darin andünsten. Kartoffel und Kohlrabi dazugeben, dann die Brühe und den Fond angießen. Aufkochen, das Gemüse bei mittlerer Hitze 15 bis 20 Minuten weich garen, mit dem Stabmixer pürieren und nach Belieben durch ein feines Sieb passieren.

3. Die Sahne untermischen und die Sauce mit Salz, Pfeffer und Muskatnuss abschmecken. Kurz vor dem Servieren die geschlagene Sahne unterziehen. Sollte die Sauce zu dickflüssig sein, mit etwas Brühe verdünnen.

4. Für die Vinaigrette die Rote Bete in grobe Würfel schneiden und im Blitzhacker fein pürieren. Das Rote-Bete-Püree mit Essig und Öl mischen und mit Salz, Pfeffer und Zitronensaft würzen.

5. Für den Zander das Fischfilet waschen, trocken tupfen und in 4 Portionen teilen. Das Öl in einer Pfanne erhitzen und die Fischstücke auf der Hautseite bei mittlerer Hitze 8 Minuten kross braten. Mit Meersalz und Pfeffer würzen, den Fisch wenden, das Öl abgießen und die Butter in der Pfanne zerlassen. Den Zander darin 1 Minuten fertig garen.

6. Den Zander auf vorgewärmten Tellern anrichten und die Kohlrabisauce außen herumgießen. Die Kohlrabisauce mit der Rote-Bete-Vinaigrette verzieren.

Bachmeiers Tipp:

Für eine Kräutergarnitur je 1 kleines Bund Basilikum, Brunnenkresse, Kerbel, Koriander, Petersilie und Schnittlauch waschen und trocken schütteln. Die Blätter abzupfen und die Schnittlauchhalme halbieren. Je 1 EL Champagneressig und Zitronensaft, 3 EL Olivenöl, Salz und Pfeffer zu einer Vinaigrette verrühren. Die Kräuter durch die Vinaigrette ziehen und auf dem Fisch anrichten.

Gebratener Zander
auf Pappardelle amatriciana

1. Für die Sauce die Zwiebeln schälen und n feine Würfel schneiden, den Speck in Streifen schneiden. Den Knoblauch ungeschält andrücken. Die Butter und das Olivenöl in einem Topf erhitzen. Zwiebel, Speck und Knoblauch darin andünsten.

2. ½ TL Zucker darüberstreuen und karamellisieren. Das Tomatenmark hinzufügen, kurz mitrösten und mit dem Wein ablöschen. Die Dosentomaten im Mixer fein pürieren und zu den Zwiebeln geben. Die Petersilie waschen, trocken schütteln, die Blätter abzupfen und beiseitelegen. Die Stiele zur Tomatensauce geben und die Sauce bei schwacher Hitze etwa 2 bis 3 Stunden köcheln lassen, dabei immer wieder etwas Wasser nachgießen.

3. Für den Zander die Fischfilets waschen, trocken tupfen und mit Salz und Pfeffer würzen. Das Olivenöl in einer Pfanne erhitzen und die Fischfilets auf der Hautseite bei schwacher Hitze 8 Minuten braten. Thymian und Rosmarin waschen und trocken tupfen. Den Knoblauch ungeschält andrücken. Wenn der Zander fast gar ist, die kalte Butter, Rosmarin, Thymian und den Knoblauch dazugeben, den Fisch wenden und immer wieder mit der Butter beträufeln.

4. Die Pappardelle nach Packungsanweisung in reichlich kochendem Salzwasser bissfest garen. In ein Sieb abgießen und abtropfen lassen. Die Petersilienblätter fein hacken und mit etwas Nudelkochwasser zur Tomatensauce geben. Die Sauce mit Salz, Pfeffer und 1 Prise Zucker abschmecken.

5. Die Papardelle mit der Tomatensauce mischen, auf vorgewärmte Teller verteilen und mit dem Pecorino bestreuen. Die Fischfilets halbieren und jeweils eine Hälfte auf jedem Teller anrichten.

Zutaten für 4 Personen:

Für die Sauce und die Pappardelle:

2 Zwiebeln

200 g Pancetta (ital. Bauchspeck)

2 Knoblauchzehen

1 EL Butter · 1 EL Olivenöl

Zucker · 1 TL Tomatenmark

100 ml Weißwein

500 g Tomaten (aus der Dose)

1 Bund Petersilie

600 g frische Pappardelle (aus dem Kühlregal)

Salz · Pfeffer aus der Mühle

50 g geriebener Pecorino

Für den Zander:

2 Zanderfilets (à 400 g; mit Haut)

Salz · Pfeffer aus der Mühle

1 EL Olivenöl

je 1 Zweig Thymian und Rosmarin

1 Knoblauchzehe · 1 EL kalte Butter

Lachsmedaillon
mit Lardo, Linsen und Cornichons

Zutaten für 4 Personen:

Für die Remoulade:

2 Tomaten · ¼ l Olivenöl

100 g Cornichons

175 ml Cornichonsud

1 TL mittelscharfer Senf

1 EL Schnittlauchröllchen

Salz · Cayennepfeffer

Für die Linsen und den Lachs:

120 g Linsen (z.B. Belugalinsen)

2 Schalotten

2 kleine Knoblauchzehen

1 EL Öl · 2 EL Aceto balsamico

1 Lorbeerblatt · 200 ml Fischfond

150 g Crème double

60 g kalte Butter

Salz · Cayennepfeffer

4 Lachsfilets (à 180 g; ohne Haut)

1 EL Olivenöl · 50 g Butter

4 dünne Scheiben Lardo (ital. Speck; ersatzweise fetter Räucherspeck)

1. Für die Remoulade die Tomaten kreuzweise einritzen, überbrühen, häuten, vierteln und entkernen. Das Fruchtfleisch in kleine Würfel schneiden. In einem Topf ½ TL Olivenöl erhitzen, die Tomaten dazugeben und bei schwacher Hitze 30 Minuten einkochen lassen. Beiseitestellen und abkühlen lassen.

2. Die Cornichons in kleine Würfel schneiden. Den Cornichonsud und den Senf in einen hohen Rührbecher geben und mit dem Stabmixer verrühren. Das restliche Olivenöl zunächst tröpfchenweise, dann in einem dünnen Strahl untermixen, bis eine cremige Mayonnaise entstanden ist. Die Tomaten- und Cornichonwürfel sowie die Schnittlauchröllchen untermischen und die Remoulade mit Salz und Cayennepfeffer abschmecken.

3. Für die Linsen in einem Topf Salzwasser aufkochen und die Linsen darin etwa 5 Minuten blanchieren. In ein Sieb abgießen und abtropfen lassen.

4. Die Schalotten und den Knoblauch schälen und in feine Würfel schneiden. Das Öl in einem Topf erhitzen und die Schalotten und den Knoblauch darin andünsten. Das Öl abgießen, mit dem Essig ablöschen und die Linsen und das Lorbeerblatt dazugeben. Den Fond angießen und einkochen lassen.

5. Die Crème double unterrühren und etwas einkochen lassen. Die kalte Butter nach und nach in kleinen Stücken mit dem Schneebesen unterschlagen und die Sauce mit Salz und Cayennepfeffer abschmecken.

6. Für den Lachs die Fischfilets waschen und trocken tupfen. Das Olivenöl mit der Butter in einer Pfanne erhitzen und den Lachs in die Pfanne geben. Mit dem Fett beträufeln, mit den Speckscheiben belegen und 10 Minuten bei schwacher Hitze sanft fertig garen.

7. Den Lachs mit dem Lardo auf vorgewärmte Teller verteilen. Die Linsen um den Lachs herum verteilen und mit der lauwarmen Cornichonremoulade beträufeln.

Geflügel

Wenn man Koch wird, dann geht man durch v ele Schulen. Und man hat viele Lehrer. Heinz Winkler im Tantris, Alfons Schuhbeck im Kurhausstüberl in Waging und Fritz Schilling beim Käfer. Jeder dieser Chefs hat mich auf seine Weise beeindruckt. Am meisten hat mich vielleicht Jahrhundertkoch Eckart Witzigmann geprägt. Seine unerschöpf iche Kreativität, seine Präzision, seine Persönlichkeit und seine Leidenschaft s nd das eine, aber viel entscheidender war das, was er uns allen beigebracht hat: nämlich den Respekt vor den Produkten.

Als junger Koch saugt man alles auf von seinen Chefs. Aber wenn man dann auf den eigenen Beinen steht, darf man nicht mehr nur kopieren, sondern muss seine eigene Handschrift und seine eigene Persönlichkeit entwickeln.

Meine Küche ist eine regionale Küche, aber nicht um irgendwelchen Trends hinterherzulaufen, sondern weil das meine Bindung an meine Heimat ist. Huhn, Ente, Gans – damit bin ich in der Küche aufgewachsen, meine Großmutter war im Umgang mit diesen Produkten eine wahre Meisterin.

Und Geflügel passt hervorragend zu meiner Kochphilosophie: Unnötiges weglassen und sich ganz auf das Wesentliche konzentrieren. Weniger ist mehr, das stimmt. Aber dann muss das Wenige auch ziemlich perfekt sein. Und glauben Sie mir, das ist recht einfach, man muss nur wissen, wie es geht. Und dafür verrate ich Ihnen bei meinen Rezepten auch ein paar Tricks und Tipps. Damit auch Sie einfach gut und vielleicht sogar ein bisserl perfekter kochen können.

Coq au vin
nach Eckart Witzigmann

Zutaten für 4 – 6 Personen:

30 Perlzwiebeln

1 Freiland-Poularde (ca. 1,8 kg; küchenfertig)

1 Zwiebel · 1 Karotte

70 g Staudensellerie

1 TL schwarze Pfefferkörner

2 Flaschen junger Rotwein (à ¾ l)

2 EL Zucker

2 Lorbeerblätter

2 – 4 angedrückte Knoblauchzehen

1 Kräutersträußchen (z.B. Thymian, Rosmarin, Petersilie)

Salz · Pfeffer aus der Mühle

4 EL Mehl

1 EL Entenfett oder Butterschmalz

¼ l Cognac

4 Schalotten

400 g kleine Champignons

1 EL Obstessig

1 EL Butter

250 g durchwachsener Räucherspeck (Wammerl; am Stück)

20 g Zartbitterschokolade

1. Am Vortag die Perlzwiebeln in lauwarmes Wasser legen. Die Poularde innen und außen waschen, trocken tupfen und in 8 Stücke zerteilen. Die Zwiebel schälen, die Karotte putzen und schälen, den Sellerie waschen und putzen. Das Gemüse in 1 cm große Würfel schneiden. Die Pfefferkörner im Mörser grob zerstoßen. Die Poularde mit Gemüsewürfeln, ¾ l Wein, Pfefferkörnern, 1 TL Zucker, Lorbeerblättern, 1 bis 2 Knoblauchzehen und gewaschenem Kräutersträußchen in einen Schmortopf geben. Den Topf mit Alufolie verschließen und die Poularde im Kühlschrank 24 Stunden marinieren.

2. Am nächsten Tag die Poularde und das Gemüse auf einem Sieb abtropfen lassen, die Marinade auffangen. Das Gemüse und die Kräuter beiseitelegen.

3. Die Poulardenstücke trocken tupfen, mit Salz und Pfeffer würzen und in etwa 3 EL Mehl wenden. Das Entenfett oder Butterschmalz in einem Bräter erhitzen und die Poulardenstücke darin bei mittlerer Hitze rundum 10 Minuten goldbraun anbraten. Das Fleisch mit dem Cognac ablöschen, die Stücke herausnehmen und beiseitestellen.

4. Den Backofen auf 170 °C vorheizen. Die Schalotten schälen und in feine Würfel schneiden. Mit 1 bis 2 Knoblauchzehen im Bratsatz dünsten. Das marinierte Gemüse dazugeben und anrösten. Nach und nach mit etwas Marinade ablöschen und einkochen lassen. Das Gemüse mit dem übrigen Mehl bestäuben und 10 Minuten rösten. Die zweite Flasche Wein angießen. Kräutersträußchen, ½ l Wasser und Hühnerkeulen hinzufügen. Den Topfdeckel leicht anlegen und die Keulen im Ofen auf der mittleren Schiene 1 Stunde weich garen. 15 Minuten vor Ende der Garzeit die Hühnerbrüste dazugeben.

5. Champignons putzen und vierteln. Perlzwiebeln schälen und 3 Minuten in kochendem Salzwasser blanchieren. In ein Sieb abgießen, kalt abbrausen. Den restlichen Zucker in einem Topf mit 100 ml Wasser karamellisieren. Mit dem Essig ablöschen, die Butter unterrühren. Pilze und Zwiebeln dazugeben, goldbraun dünsten. Mit Salz und Pfeffer würzen.

6. Den Speck in fingergroße Stücke schneiden und in einer Pfanne bei schwacher Hitze goldbraun braten. Auf Küchenpapier abtropfen lassen. Das Bratfett beiseitestellen.

7. Perlzwiebeln, Pilze und Speck zum Huhn geben und 5 Minuten köcheln lassen. Alles durch ein Sieb in einen Topf abgießen und die Sauce entfetten. Bei Bedarf noch etwas einköcheln lassen. Die Keulenknochen auslösen. Das Fleisch, Pilze, Speck und Perlzwiebeln wieder in die Sauce geben. Die Schokolade einrühren und mit Cognac abschmecken. Das Coq au vin auf Teller verteilen und servieren.

Stubenküken-Backhendl
mit Sauce Ravigote

Zutaten für 4 Personen:

Für das Stubenküken:

6 EL Naturjoghurt

6 EL saure Sahne

2 Msp. Paprikapulver (edelsüß)

4 Stiele Petersilie

2 Stubenküken (à 500 g; küchen-fertig zerteilt)

Salz · Pfeffer aus der Mühle

4 Eier · 2 EL Sahne

40 g Mehl

150 g Panko (asiat. Paniermehl)

Öl und Butterschmalz zum Ausbacken

Für die Sauce Ravigote:

2 Eier · 1 Bund Petersilie

½ Bund Estragon · ½ Bund Kerbel

1 Beet Gartenkresse · 3 Schalotten

3 Sardellenfilets · 1 EL Kapern

3 Cornichons · 4 EL Estragonessig

2 EL Zitronensaft

1 Spritzer Worcestershiresauce

1 TL Dijon-Senf

Salz · Zucker

8 EL Olivenöl

1. Für das Stubenküken den Joghurt mit der sauren Sahne und dem Paprikapulver in eine Schüssel geben und zu einer Marinade verrühren. Die Petersilie waschen, trocken tupfen und im Ganzen dazugeben. Die Stubenkükenteile waschen, trocken tupfen und in die Marinade legen. Zugedeckt kühl stellen und etwa 2 Stunden ziehen lassen.

2. Inzwischen für die Sauce Ravigote die Eier in kochendem Wasser 10 Minuten garen, abgießen, kalt abschrecken und abkühlen lassen. Die Eier pellen und die Eigelbe und Eiweiße getrennt fein hacken.

3. Die Kräuter waschen, trocken schütteln und die Blätter abzupfen. Die Kresse vom Beet schneiden. Die Schalotten schälen. Kräuter, Schalotten, Sardellenfilets, Kapern und Cornichons fein hacken oder in sehr feine Würfel schneiden.

4. Essig, Zitronensaft, Worcestershiresauce, 4 EL Wasser, Senf, Salz, 1 Prise Zucker und Olivenöl zu einer cremigen Sauce verrühren. Die gehackten Zutaten untermischen und die Sauce nochmals abschmecken. Kühl stellen.

5. Die Stubenkükenteile aus der Marinade nehmen, trocken tupfen und mit Salz und Pfeffer würzen. Die Eier mit der Sahne in einem tiefen Teller verquirlen. Das Mehl und den Panko ebenfalls jeweils in einen tiefen Teller geben. Die Stubenkükenteile zuerst im Mehl wenden, dann durch das Ei ziehen und zuletzt mit dem Panko panieren.

6. Reichlich Öl und Butterschmalz zu gleichen Teilen in einer Pfanne auf etwa 180 °C erhitzen. Das Fett ist heiß genug, wenn sich an einem hineingehaltenen Holzlöffelstiel Blasen bilden. Die panierten Stubenkükenteile darin 5 bis 6 Minuten schwimmend goldgelb ausbacken. Mit dem Schaumlöffel herausnehmen und auf Küchenpapier abtropfen lassen.

7. Das Backhendl auf Teller verteilen und mit der Sauce Ravigote servieren. Dazu passt Kartoffelsalat (siehe S. 116).

Hühnerfrikassee
mit grünem Spargel und Erbsen

1. Die Schalotten und den Knoblauch schälen und in feine Würfel schneiden. Den Knollensellerie, die Petersilienwurzel, den Lauch und den Staudensellerie putzen und schälen bzw. waschen. Das Gemüse in kleine Würfel schneiden. Die Poularde innen und außen waschen und trocken tupfen, in 8 Stücke teilen und mit Salz und Pfeffer würzen.

2. Den Backofen auf 200 °C vorheizen. Die Butter in einem ofenfesten Schmortopf erhitzen und die Hähnchenteile darin bei mittlerer Hitze rundum anbraten. Das Gemüse dazugeben und kurz mitbraten. Den Thymian waschen und trocken tupfen. Mit den Lorbeerblättern und den Gewürznelken zum Hähnchen geben. Mit dem Wein ablöschen und fast ganz einkochen lassen. Die Brühe angießen und die Hähnchenteile zugedeckt im Ofen auf der mittleren Schiene etwa 30 Minuten garen.

3. Den Spargel waschen, nur im unteren Drittel schälen und die holzigen Enden abschneiden. Die Spargelstangen schräg in etwa 5 cm lange Stücke schneiden.

4. Den Spargel und die Erbsen nacheinander in kochendem Salzwasser bissfest blanchieren, in ein Sieb abgießen und kalt abschrecken.

5. Die Poulardenteile aus dem Ofen nehmen und häuten. Das Fleisch vom Knochen lösen und in mundgerechte Stücke zupfen. Die Sahne und die Crème fraîche unter die Sauce rühren und cremig einkochen lassen.

6. Die Sauce durch ein Sieb streichen und das ausgelöste Fleisch, die Erbsen und den Spargel dazugeben. Die Kapern unter das Frikassee mischen. Das Frikassee mit Zitronensaft, Worcestershiresauce, Salz, Pfeffer und Cayennepfeffer abschmecken.

7. Das Hühnerfrikasse auf Teller verteilen und servieren. Dazu passen Reis und ein grüner Salat.

Zutaten für 4 Personen:

2 Schalotten

1 Knoblauchzehe

100 g Knollensellerie

100 g Petersilienwurzel

100 g Lauch

100 g Staudensellerie

1 Poularde (ca. 1½ kg)

Salz · Pfeffer aus der Mühle

50 g Butter

1 Zweig Thymian

2 Lorbeerblätter

2 Gewürznelken

200 ml Weißwein

½ l Hühnerbrühe

12 Stangen grüner Spargel

100 g Erbsen (frisch oder tiefgekühlt)

200 g Sahne

2 EL Crème fraîche

50 g Kapern

1 Spritzer Zitronensaft

1 Spritzer Worcestershiresauce

Cayennepfeffer

Maishendl
mit Schalotten und Knoblauch

Zutaten für 4 Personen:

1 Maishähnchen (1 ½ – 2 kg)

Salz · Pfeffer aus der Mühle

Paprikapulver (edelsüß)

4 EL Olivenöl

10 Schalotten

1 Knoblauchzehe

1 Bund Petersilie

2 Zweige Thymian

2 Zweige Rosmarin

2 Streifen unbehandelte
Zitronenschale

2 Knoblauchknollen

12 kleine Kartoffeln (z.B. La Ratte,
Bamberger Hörnchen)

2 Frühlingszwiebeln

1 TL Butter

1 TL Zucker

1 Schuss Weißwein

1. Das Hähnchen innen und außen waschen und trocken tupfen. Die Flügelknochen abschneiden und beiseitelegen. Das Hähnchen innen und außen mit Salz und Pfeffer würzen und außen mit 1 Prise Paprikapulver und mit 1 EL Olivenöl einreiben.

2. Die Schalotten schälen. Die Knoblauchzehe ungeschält andrücken. Die Kräuter waschen und trocken schütteln. Zwei Stiele Petersilie beiseitelegen. Die restliche Petersilie, den Thymian, den Rosmarin, die Knoblauchzehe, 2 Schalotten und die Zitronenschale in die Bauchhöhle geben. Die Keulen und die gestutzten Flügel mit Küchengarn zusammenbinden.

3. Den Backofen auf 175 °C vorheizen. Das restliche Olivenöl in einem Bräter erhitzen. Die übrigen Schalotten und die Knoblauchknollen halbieren. Die Kartoffeln in kochendem Salzwasser 10 Minuten garen und dann pellen. Alles mit den Hähnchenflügeln in den Bräter geben und leicht anbraten. Etwa 200 ml Wasser angießen. Das Hähnchen auf das Gemüse setzen und im Ofen auf der mittleren Schiene 45 bis 50 Minuten garen, zwischendurch immer wieder mit Bratsud bestreichen.

4. Am Ende der Garzeit die Frühlingszwiebeln putzen, waschen und in kleine Stücke schneiden. Die Butter in einer Pfanne erhitzen und den Zucker darin bei mittlerer Hitze goldgelb karamellisieren. Die Frühlingszwiebeln dazugeben und kurz dünsten. Das Hähnchen aus dem Bräter nehmen und kurz ruhen lassen. Die Schalotten, den Knoblauch, die Kartoffeln und die Flügel aus dem Bräter in ein Sieb abgießen, den Sud auffangen. Das Gemüse und die Flügel zu den Frühlingszwiebeln geben und kurz mitrösten. Mit dem Wein ablöschen und mit dem Bratsud aufgießen.

5. Von der restlichen Petersilie die Blätter abzupfen, klein schneiden und dazugeben. Das Gemüse mit der Sauce auf Teller verteilen. Das Hähnchen mit einem scharfen Messer tranchieren und darauf anrichten.

Bachmeiers Tipp:

Am Ende der Garzeit das Hähnchen mithilfe einer Gabel leicht schräg halten. Wenn die austretende Flüssigkeit klar ist, ist das Hendl fast fertig. Falls noch etwas bräunliche Flüssigkeit austritt, etwa 10 Minuten weitergaren.

Masthendl aus dem Ofen

Zutaten für 4 Personen:

je 1 Zweig Rosmarin und Thymian

1 Masthähnchen (ca. 1,2 kg; küchenfertig)

10 Wacholderbeeren

750 g mehligkochende Kartoffeln

2 Zwiebeln

3 Knoblauchzehen

100 g grüner Speck (am Stück)

Salz · Pfeffer aus der Mühle

je 1 Zweig Estragon und Thymian, 1 Stiel Petersilie, 1 Lorbeerblatt

50 ml Geflügelfond

200 g Mehl

1 EL Öl

8 Cocktailtomaten

50 g gehackte Petersilie

1. Die Kräuter waschen und trocken tupfen. Das Masthähnchen innen und außen waschen und trocken tupfen und mit Rosmarin, Thymian und den Wacholderbeeren füllen. Die Kartoffeln schälen, waschen und in etwa 3 cm große Stücke schneiden. Zwiebeln und Knoblauch schälen. Zwiebeln ebenfalls in 3 cm große Stücke schneiden und den Knoblauch in feine Würfel schneiden.

2. Den Speck in einem Bräter (mit passendem Deckel) auslassen und wieder herausnehmen. Die Kartoffeln, die Zwiebeln und den Knoblauch im Speckfett hellbraun anbraten, mit Salz und Pfeffer würzen und das Hähnchen hineinlegen. Den Bräter vom Herd nehmen. Die Kräuter waschen, trocken schütteln und zu einem Sträußchen binden. In den Bräter geben und den Fond angießen.

3. Den Backofen auf 180 °C vorheizen. Aus Mehl, Öl und etwas lauwarmem Wasser einen zähen Teig kneten. Der Teig hat die richtige Konsistenz, wenn er nicht mehr an den Fingern klebt. Den Teig zu einer langen Rolle formen, auf den Bräterrand setzen und den Deckel fest andrücken. So können weder Dampf noch Flüssigkeit entweichen, und das gesamte Aroma bleibt im Topf.

4. Das Hähnchen im Ofen auf der mittleren Schiene 45 Minuten garen. Herausnehmen, den Teig abklopfen und den Deckel abnehmen. Das Kräutersträußchen entfernen. Die Cocktailtomaten waschen, vierteln und mit der gehackten Petersilie unterrühren. Das Hähnchen noch mal kurz aufkochen lassen und im Bräter servieren.

Bachmeiers Tipp:

Wer die Haut des Hähnchens etwas krosser mag, kann es aus dem Bräter nehmen, auf ein Gitter legen und unter dem Backofengrill noch einige Minuten goldbraun backen.

Gefüllte Perlhuhnbrust
mit Sauerkraut und Rösti

1. Für die Perlhuhnbrüste das Geflügelfleisch waschen, trocken tupfen und in Stücke schneiden. Die Sahne angießen und alles für etwa 1 Stunde in das Tiefkühlfach stellen.

2. Für das Sauerkraut die Zwiebeln schälen und in feine Streifen schneiden. Das Schmalz in einem Topf erhitzen und die Zwiebeln darin andünsten. Den Speck dazugeben und kurz anrösten. Das Sauerkraut hinzufügen und kurz dünsten. Den Zucker dazugeben, karamellisieren und mit dem Riesling ablöschen. Den Knoblauch ungeschält andrücken. Die Wacholderbeeren, die Pfefferkörner und den Knoblauch in einen Teebeutel geben und zum Sauerkraut geben. Das Lorbeerblatt ebenfalls dazugeben. Das Sauerkraut zugedeckt bei mittlerer Hitze 45 Minuten garen, gelegentlich umrühren.

3. Inzwischen für die Perlhuhnbrustfilets die Butter in einer Pfanne erhitzen und die Schalotten darin glasig dünsten. Die Champignons putzen und in kleine Würfel schneiden. Die Petersilie waschen und trocken schütteln. Die Blätter abzupfen, fein hacken, mit den Pilzen zu den Schalotten geben und kurz andünsten. Vom Herd nehmen, abkühlen lassen und kühl stellen.

4. Für die Rösti den Backofen auf 200 °C vorheizen. Die Kartoffeln schälen, waschen und auf der Gemüsereibe grob raspeln. Mit Salz, Pfeffer und Muskatnuss würzen.

5. Das Öl in einer ofenfesten Pfanne erhitzen und die Kartoffelmasse darin verteilen. Die Rösti im Ofen auf der mittleren Schiene etwa 15 Minuten goldbraun backen. Die kalte Butter daraufgeben, die Rösti wenden und knusprig fertig backen.

6. Geflügelfleisch und Sahne im Küchenmixer fein pürieren. Weißbrotbrösel dazugeben und mixen. Die Farce durch ein Sieb streichen, mit Salz und Cayennepfeffer würzen. Die Pilze untermischen. Die Perlhuhnfilets waschen und trocken tupfen. Seitlich eine Tasche einschneiden und mit der Farce füllen. Mit einem Holzspießchen verschließen.

7. Die Rösti aus dem Ofen nehmen, auf einen Teller geben und mit Alufolie abdecken. Das Öl in einer ofenfesten Pfanne erhitzen und die Perlhuhnbrustfilets darin auf beiden Seiten je 1 bis 2 Minuten anbraten. Das Fleisch im Ofen auf der mittleren Schiene bei 200 °C etwa 12 Minuten fertig garen.

8. Die Perlhuhnbrüste aus dem Ofen nehmen und kurz ruhen lassen, die Rösti im Ofen nochmals kurz erwärmen. Wieder herausnehmen, vierteln und auf Teller verteilen. Das Sauerkraut dazu anrichten. Die Perlhuhnbrustfilets halbieren und auf das Kraut setzen.

Zutaten für 4 Personen:

Für die Perlhuhnbrüste:

100 g Geflügelfleisch

100 g Sahne

1 EL Butter

1 EL Schalotten (in feinen Würfeln)

100 g Champignons

1 kleines Bund Petersilie

2 EL Weißbrotbrösel

Salz · Cayennepfeffer

4 Perlhuhnbrustfilets (à 120 g; ohne Haut)

3 EL Öl

Für das Sauerkraut:

100 g Zwiebeln

30 g Schweineschmalz

20 g Räucherspeck (am Stück)

500 g Sauerkraut

1 geh. EL Zucker

50 ml Riesling

1 Knoblauchzehe

je 5 Wacholderbeeren und schwarze Pfefferkörner

1 Lorbeerblatt

Für die Rösti:

ca. 300 g festkochende Kartoffeln

Salz · Pfeffer aus der Mühle

frisch geriebene Muskatnuss

1 EL Öl · 1 EL kalte Butter

Gebratene Wachtel
mit Apfel-Curry-Vinaigrette

Zutaten für 4 Personen:

Für die Apfel-Curry-Vinaigrette:

2 Äpfel · 2 EL Apfelessig

2 EL naturtrüber Apfelsaft

½ TL Madras-Currypulver

80 ml Traubenkernöl (ersatzweise Sonnenblumenöl)

Salz · Cayennepfeffer

Zucker (oder Honig)

2 EL Butter

Für das Wirsinggemüse:

1 Wirsing

Salz · 50 g Butter

frisch geriebene Muskatnuss

Für die Wachtel:

je 1 Zweig Rosmarin und Thymian

4 Wachteln (ausgelöste Brustfilets und Keulen mit Haut; beim Metzger vorbestellen)

Salz · Pfeffer aus der Mühle

1 Knoblauchzehe

1 EL Olivenöl · 1 EL Butter

1. Für die Apfel-Curry-Vinaigrette die Äpfel vierteln und schälen, das Kerngehäuse entfernen und das Fruchtfleisch in kleine Würfel schneiden.

2. Den Essig und den Apfelsaft mit dem Currypulver in einem Topf aufkochen. Die Hälfte der Apfelwürfel dazugeben und 3 bis 4 Minuten sanft köcheln lassen. Alles mit dem Stabmixer fein pürieren und nach Belieben durch ein Sieb streichen. Nach und nach das Öl erst tropfenweise, dann in einem dünnen Strahl mit dem Stabmixer untermixen, bis eine cremige Konsistenz entstanden ist. Die Vinaigrette mit Salz, Cayennepfeffer und 1 Prise Zucker abschmecken.

3. Die Butter erhitzen, den restlichen Apfel darin andünsten und zur Vinaigrette geben.

4. Für das Wirsinggemüse den Wirsing putzen, waschen und vierteln, den harten Strunk entfernen. Die Blätter in Stücke schneiden und den Wirsing in kochendem Salzwasser bissfest blanchieren. Den Wirsing in eiskaltem Wasser abschrecken und auf einem Küchentuch abtropfen lassen. Die Butter in einer Pfanne erhitzen und mit Salz und Muskatnuss würzen. Den Wirsing dazugeben und darin schwenken.

5. Für die Wachtel den Rosmarin und den Thymian waschen und trocken tupfen. Die Wachteln waschen, trocken tupfen und mit Salz und Pfeffer würzen. Den Knoblauch ungeschält andrücken.

6. Das Olivenöl und die Butter in einer Pfanne erhitzen und die Wachtelbrustfilets und die Keulen auf der Fleischseite etwa 30 Sekunden anbraten. Wenden und auf der Hautseite weitere 30 Sekunden anbraten. Das Fleisch erneut wenden und die Pfanne vom Herd nehmen. Die Kräuter und den Knoblauch dazugeben und die Fleischstücke 4 bis 5 Minuten immer wieder mit dem Sud beschöpfen, bis sie gar sind.

7. Den Wirsing auf Teller verteilen. Jeweils 2 Wachtelbrüste und -keulen darauf anrichten und die Apfel-Curry-Vinaigrette darüberträufeln.

Bauernente
mit Chicorée

Zutaten für 4 – 6 Personen:

Für die Ente:

1 Bauernente (ca. 2 ½ kg)

Salz · Pfeffer aus der Mühle

2 Zwiebeln

1 kleine Karotte

80 g Knollensellerie

½ Stange Lauch

je 1 Stiel Majoran und Petersilie

1 Apfel

1 unbehandelte Orange

½ l Geflügelfond

Für den Chicorée:

3 Chicorée

2 TL Salz

4 Safranfäden

1 Lorbeerblatt

1 EL Butter

Saft von 1 Zitrone

8 unbehandelte Mandarinen

2 EL Zucker

abgeriebene Schale von ½ unbehandelten Zitrone

½ – 1 TL Speisestärke

1. Für die Ente die Ente in Eiswasser legen und waschen. Eventuell vorhandene Federkiele mit einer Pinzette entfernen. Die Ente innen und außen trocken tupfen, mit Salz und Pfeffer würzen und 3 Stunden ruhen lassen.

2. Den Hals und die Flügel abschneiden und klein hacken. Die Zwiebeln schälen. Die Karotte und den Sellerie putzen und schälen, den Lauch putzen und waschen. Das Gemüse in Würfel schneiden. Die Kräuter waschen und trocken schütteln.

3. Den Apfel und die Orange waschen und trocken reiben. Den Apfel vierteln und entkernen, mit der Orange ungeschält in Stücke schneiden und die Ente damit füllen. Majoran und Petersilie dazugeben und die Öffnung mit Holzspießchen verschließen.

4. Den Backofen auf 180 °C vorheizen. Flügel, Hals und Gemüsewürfel in einen Bräter geben und etwa ½ l Wasser angießen. Den Bräter in den Ofen auf die untere Schiene stellen und ein Ofengitter darüberschieben. Die Ente mit der Brustseite nach oben auf das Gitter legen und etwa 1½ Stunden garen, dabei öfter mit Bratensaft begießen.

5. Für den Chicorée den Chicoree putzen und waschen. 1 l Wasser mit Salz, Safran, Lorbeerblatt, Butter und Zitronensaft aufkochen. Den Chicorée dazugeben, aufkochen, vom Herd nehmen und etwa 1 Stunde ziehen lassen. Den Chicorée herausnehmen, kalt abschrecken und abkühlen lassen. Den Garsud beiseitestellen.

6. Die Mandarinen heiß waschen und trocken reiben. Die Schale abreiben und die Mandarinen auspressen. Den Zucker in einem Topf hell karamellisieren und mit etwas Chicorée-Garflüssigkeit ablöschen. Zitronenschale, Mandarinenschale und -saft dazugeben und leicht köcheln lassen, bis sich der Zucker aufgelöst hat. Die Speisestärke mit etwas Chicorée-Garflüssigkeit glatt rühren und den Mandarinenfond damit binden. Kurz vor dem Servieren die einzelnen Chicoréeblätter ablösen und im Fond erwärmen.

7. Die Ente auf die Brustseite legen und bei etwa 60 °C im offenen Backofen ruhen lassen. Den Bräter herausnehmen und den Inhalt aufkochen lassen. Den Fond angießen und etwas einkochen lassen. Die Sauce durch ein feines Sieb gießen und nach Belieben mit etwas Speisestärke binden. Mit Salz, Pfeffer und Zitronenschale abschmecken.

8. Den Backofengrill einschalten. Die Ente 3 bis 4 Minuten knusprig grillen, herausnehmen, tranchieren und mit Sauce und Chicorée servieren. Dazu passen Kartoffelknödel.

Gebratene Entenbrust
mit Blaubeersauce und Rosenkohl

Zutaten für 4 Personen:

Für Entenbrust und Sauce:

1 Schalotte

250 g Heidelbeeren

2 Entenbrustfilets (à ca. 250 g)

1 EL Öl

80 g Butter

1 TL Puderzucker

100 ml Crème de Cassis
(Schwarzer Johannisbeerlikör)

100 ml Mineralwasser

Salz

1 Zweig Rosmarin

1 Knoblauchzehe

Für den Rosenkohl:

200 g Rosenkohl

Salz

50 g Räucherspeck (in Scheiben)

2 Schalotten

60 g Butter

Pfeffer aus der Mühle

frisch geriebene Muskatnuss

1. Für die Sauce die Schalotte schälen und in feine Würfel schneiden. Die Heidelbeeren verlesen, waschen und trocken tupfen. Für den Rosenkohl die Röschen putzen, waschen und vierteln.

2. Die Entenbrustfilets waschen, trocken tupfen und die Haut mit einem scharfen Messer im Abstand von ½ cm rautenförmig einritzen. Den Backofen auf 180 °C vorheizen.

3. Das Öl in einer ofenfesten Pfanne erhitzen und die Entenbrüste darin bei mittlerer Hitze auf der Fleischseite etwa 2 Minuten anbraten. Wenden und auf der Hautseite 5 Minuten weiterbraten. Im Ofen auf der mittleren Schiene mit der Hautseite nach oben etwa 15 Minuten fertig garen. Herausnehmen, auf ein Gitter legen und mit Alufolie bedeckt ruhen lassen.

4. In einem Topf 3 EL Butter erhitzen und die Schalotte darin andünsten. Die Heidelbeeren dazugeben und kurz darin schwenken. Den Puderzucker darüberstäuben, karamellisieren und mit dem Cassis ablöschen. Das Mineralwasser angießen und leicht einkochen lassen. Mit etwas Salz abschmecken. Warm stellen.

5. Den Speck im Tiefkühlfach etwa 10 Minuten anfrieren lassen. Den Rosenkohl in kochendem Salzwasser etwa 8 Minuten bissfest garen, in ein Sieb abgießen und kalt abschrecken.

6. Den Speck zuerst in feine Streifen, dann in feine Würfel schneiden. Die Schalotten schälen, in feine Würfel schneiden und in der Hälfte der Butter andünsten. Den Speck dazugeben und auslassen. Wenn der Speck kross ist, alles in ein Sieb abgießen.

7. Die andere Hälfte der Butter in der Pfanne erhitzen und den Rosenkohl darin unter Rühren bei mittlerer Hitze erwärmen. Die Speck-Zwiebel-Mischung dazugeben und alles mit Salz, Pfeffer und Muskatnuss abschmecken.

8. Den Rosmarin waschen und trocken tupfen, den Knoblauch ungeschält andrücken. Die restliche Butter in einer Pfanne bei schwacher Hitze zerlassen, den Rosmarin und den Knoblauch hinzufügen. Die Entenbrüste dazugeben und erwärmen, dabei immer wieder mit Butter beschöpfen.

9. Die Entenbrüste der Länge nach in Scheiben schneiden und auf vorgewärmte Teller verteilen. Mit der Blaubeersauce überziehen und den Rosenkohl daneben anrichten.

Niederbayerische Gans
mit Maronenfüllung

1. Am Vortag die Flügel und den Hals von der Gans abschneiden, die Innereien herausnehmen. Die Gans innen mit Salz und Pfeffer und außen nur mit Salz würzen. Über Nacht zugedeckt in den Kühlschrank stellen. Am nächsten Tag die Gans aus dem Kühlschrank nehmen und bei Zimmertemperatur etwa 3 Stunden ruhen lassen.

2. Für die Füllung die Brötchen in der Milch einweichen. Die Innereien putzen und waschen. Die Petersilie und den Beifuß waschen, trocken schütteln, die Blätter abzupfen und mit den Innereien und den Maronen fein hacken. Eine Zwiebel schälen und in feine Würfel schneiden.

3. Die Brötchen ausdrücken. Die Butter mit den Eiern verrühren, Innereien, Kräuter, Maronen, Zwiebel und Brötchen untermischen und die Masse mit Zitronenschale, Salz, Pfeffer und Muskatnuss würzen. Die Füllung in die Gans geben und die Öffnung mit Küchengarn oder Holzspießchen verschließen.

4. Den Backofen auf 160 °C vorheizen. Die Äpfel waschen, vierteln und entkernen. Die restlichen Zwiebeln schälen und vierteln. In einen großen Bräter etwa 1 ½ l Wasser füllen, Hals, Flügel, Zwiebeln und Äpfel darin verteilen. Die Gans mit der Brust nach unten hineinlegen und im Ofen auf der unteren Schiene ohne Deckel etwa 2 Stunden garen. Dann die Gans auf den Rücken legen und weitere 1 ½ Stunden ohne Deckel garen. Währenddessen immer wieder mit Bratensaft begießen. Zum Schluss den Backofengrill einschalten und die Gans 15 bis 20 Minuten kross braten.

5. Die Gans herausnehmen, kurz ruhen lassen und tranchieren. Die Fleischstücke und die Füllung warm halten. Vom Bratenfond das Fett abschöpfen.

6. Die Flügel, den Hals und die Karkasse grob zerkleinern und mit den Zwiebeln und Äpfeln in einem Topf anrösten. Das Tomatenmark dazugeben und kurz mitrösten. Mit dem Bratenfond ablöschen und die Sauce etwas einkochen lassen. Die Sauce nach Belieben mit etwas Speisestärke binden und mit Salz und Pfeffer abschmecken. Die Füllung in feine Scheiben schneiden und mit der Gans auf Tellern anrichten. Dazu passt ein Sellerie-Apfel-Salat (siehe S. 16).

Zutaten für 6 – 8 Personen:

1 Gans (3 – 4 kg; mit Innereien)

Salz · Pfeffer aus der Mühle

250 g Brötchen (vom Vortag)

150 ml Milch

50 g Petersilie

einige Stiele Beifuß

5 Maronen (vorgegart und geschält)

3 Zwiebeln

50 g Butter

3 Eier

abgeriebene Schale von 1 unbehandelten Zitrone

frisch geriebene Muskatnuss

2 Äpfel

1 EL Tomatenmark

Fasanenbrustfilet
mit Rosmarinfeigen

Zutaten für 4 Personen:

Für die Rosmarinfeigen:

8 Feigen

1 Zweig Rosmarin

2 EL Butter

200 ml Portwein

2 EL Honig

4 unbehandelte Orangenscheiben

2 unbehandelte Zitronenscheiben

2 Gewürznelken

Fleur de Sel

Für die Fasanenbrust:

4 Fasanenbrustfilets (à ca. 150 g; ohne Haut)

Salz · Pfeffer aus der Mühle

110 ml Öl · 80 g Butter

1 EL weiße Pfefferkörner

1 Schalotte

1 Stange Staudensellerie

5 cl Cognac oder Weinbrand

100 ml Geflügelfond

200 g Sahne

10 Wacholderbeeren

je 1 Zweig Rosmarin und Thymian

3 EL Butter

1. Für die Rosmarinfeigen die Feigen waschen und die Stiele abschneiden. Die Früchte kreuzförmig einschneiden. Den Rosmarin waschen und trocken tupfen.

2. Den Backofen auf 150 °C vorheizen. Die Butter in einem Bräter erhitzen, den Portwein dazugeben und den Honig unterrühren. Die Orangen- und Zitronenscheiben etwas ausdrücken und mit dem Saft dazugeben. Den Rosmarin und die Gewürznelken ebenfalls hinzufügen und den Sud etwas einreduzieren. Die Feigen hineinlegen, mit dem Sud beschöpfen und mit Alufolie abdecken. Im Ofen auf der mittleren Schiene etwa 15 Minuten garen.

3. Inzwischen für die Fasanenbrustfilets das Fleisch waschen, trocken tupfen und mit Salz und Pfeffer würzen. In einer Pfanne 1 EL Öl und 50 g Butter erhitzen und die Brustfilets darin etwa 10 Minuten anbraten. Dabei öfter wenden und mit der Butter beträufeln. Die Fasanenbrustfilets herausnehmen und in Alufolie wickeln.

4. Das restliche Öl in einem Topf erhitzen und die Pfefferkörner darin 1 bis 2 Minuten frittieren. Mit dem Schaumlöffel herausheben und auf Küchenpapier abtropfen lassen. Die Feigen aus dem Ofen nehmen, mit dem Sud beschöpfen und warm halten.

5. Die Schalotte schälen und in feine Würfel schneiden. Den Sellerie putzen, waschen und in Würfel schneiden. In einer Pfanne 3 EL Butter erhitzen und das Gemüse darin andüsten. Mit dem Cognac oder Weinbrand ablöschen. Den Fond und die Sahne dazugießen. Die Pfefferkörner dazugeben und die Sauce cremig einkochen lassen.

6. Die Hälfte der Wacholderbeeren zur Sauce geben und etwa 5 Minuten darin ziehen lassen. Die Sauce durch ein Sieb in einen Topf gießen, dabei das Gemüse leicht ausdrücken. Die Sauce warm halten.

7. Den Rosmarin und den Thymian waschen und trocken tupfen. Die Butter in einer Pfanne erhitzen. Die restlichen Wacholderbeeren, die Kräuter und die Fasanenbrustfilets hineinlegen und kurz erwärmen. Die Fasanenbrustfilets auf vorgewärmten Tellern anrichten und mit etwas Fleur de Sel bestreuen. Mit der cremigen Sauce beschöpfen und mit den Feigen servieren.

Fleisch & Wild

Jedes Gericht ist eine Visitenkarte des Kochs Und die muss beim Gast ankommen. Das fängt schon beim Namen des Gerichts an. Er muss so klingen, dass man schon beim Lesen der Speisekarte Appetit bekommt und die Geschmacksfantasie beflügelt wird. Kein »Schweinebraten auf Salat an Kruste in Bräter in Sauce geschwenkt« – ich mag einfache Rezepttitel, die ganz auf das Wesentliche, also auf das Produkt abgestimmt sind. Fleischpflanzerl/ Kartoffelsalat, Rinderlende/Bohnen. Da kennt man sich aus, und jeder weiß auch sofort, was gemeint ist.

Und dann ist der Duft ganz entscheidend. Denn ein Essen ohne Aromen hat es schon mal schwer beim Gast. Wenn er jedoch sagt: »Das riecht aber gut«, hat man fast gewonnen.

Wichtig ist auch eine ansprechende Optik des Gerichts. Es soll aber nicht um jeden Preis, und schon gar nicht um den Preis des Geschmacks, einen Schönheitswettbewerb gewinnen.

Beim Fleisch mag ich die großen Stücke. Groß ist einfach großartig. Ob Keule, Kotelett oder Filet – man muss schon sehen können, um welches Teil des Tieres es sich handelt. Nur bei den großen Stücken kommt der Geschmack so richtig zur Geltung. Und nur der muss perfekt sein.

Beim Anrichten geht Persönlichkeit vor Perfektion. Ich baue keine Türmchen auf dem Teller, es darf ruhig mal was schief sein. Solch eine Millimeterarbeit ist viel zu glatt. Und Hand aufs Herz: Es ist doch auch nix so fad wie eine perfekte Frau. Oder?
Auch beim Anrichten gilt bei mir: Der Star ist das Produkt, und der Teller darf nicht wichtiger sein, als das, was drauﬂiegt.

Fleischpflanzerl
mit Kartoffelsalat

Zutaten für 4 Personen:

Für den Kartoffelsalat:

400 g festkochende Kartoffeln

ganzer Kümmel · 1 Lorbeerblatt

Meersalz · 1 große Zwiebel

1 Knoblauchzehe · 75 ml Öl

1 TL Dijon-Senf · 2 EL Weinessig

Salz · weißer Pfeffer aus der Mühle

4 Radieschen

1 – 2 EL Schnittlauchröllchen

Für die Fleischpflanzerl:

125 ml Milch · 150 g Brötchen
(vom Vortag)

1 große Zwiebel · 1 Knoblauchzehe

1 Bund Petersilie · 1 EL Olivenöl

je 50 g Kochschinken und gepresster Kalbskopf (oder Presssack)

je 50 g grüner Speck und durchwachsener Speck (vom Metzger durch den Fleischwolf gedreht)

je 200 g Kalbs- und Schweinehackfleisch

3 Eier · 1 TL Dijon-Senf

Salz · weißer Pfeffer aus der Mühle

frisch geriebene Muskatnuss

Paprikapulver (edelsüß)

getrockneter Majoran · 2 EL Öl

1. Für den Kartoffelsalat die Kartoffeln waschen, mit 1 Prise Kümmel und dem Lorbeerblatt in Salzwasser 20 Minuten weich garen. Inzwischen die Zwiebel und den Knoblauch schälen und in feine Würfel schneiden. Das Öl in einer Pfanne erhitzen und die Zwiebel und den Knoblauch darin andünsten. Mit ¼ l Wasser ablöschen und etwas einkochen lassen. Den Senf und den Essig unterrühren und mit Salz und Pfeffer abschmecken.

2. Die Kartoffeln abgießen, kurz ausdampfen lassen und möglichst heiß pellen. In Scheiben schneiden und in eine Schüssel geben. Die Salatmarinade über die lauwarmen Kartoffeln gießen und vorsichtig mischen. Bis zum Servieren ziehen lassen.

3. Für die Fleischpflanzerl die Milch leicht erwärmen. Die Brötchen in dünne Scheiben, dann in feine Würfel schneiden. Mit der Milch übergießen und kurz ziehen lassen. Die Zwiebel und den Knoblauch schälen und in feine Würfel schneiden. Die Petersilie waschen, trocken schütteln und fein hacken.

4. Das Olivenöl in einer Pfanne erhitzen, die Zwiebel und den Knoblauch darin andünsten. Die Petersilie dazugeben und kurz mitdünsten. Etwas abkühlen lassen.

5. Den Schinken und den Kalbskopf in kleine Würfel schneiden. Mit dem grünen Speck, dem durchwachsenen Speck und dem Hackfleisch mischen. Brötchen, Zwiebeln, Knoblauch, Eier und Senf untermischen. Mit Salz, Pfeffer, Muskatnuss, Paprikapulver und Majoran würzen.

6. Aus der Fleischmasse kleine »Pflanzerl« formen. Das Öl in einer Pfanne erhitzen und die Pflanzerl darin bei mittlerer Hitze auf beiden Seiten jeweils etwa 8 Minuten goldbraun braten.

7. Die Radieschen putzen, waschen und in dünne Streifen schneiden. Den Kartoffelsalat auf Teller verteilen, die Fleischpflanzerl darauf anrichten und mit etwas Bratfett beträufeln. Alles mit den Radieschenstreifen und etwas Schnittlauch bestreuen.

Bachmeiers Tipp:

Wer einen Fleischwolf zu Hause hat, sollte das Hackfleisch am besten selbst herstellen — so können Sie sichergehen, dass die Qualität stimmt. Am besten eignen sich sehnenfreies Kalbfleisch aus der Schulter und Schweinefleisch aus dem Hals. Den grünen Speck können Sie im Zweifelsfall auch im Mixer pürieren.

Kalbsrahmgulasch

Zutaten für 4 Personen:

5 Zwiebeln (ca. 220 g)

800 g Kalbfleisch (aus der Wade)

50 g Schweineschmalz

Salz

2 TL Paprikapulver (edelsüß)

1 TL Tomatenmark

ca. 400 ml Kalbsfond

1 Msp. abgeriebene unbehandelte Zitronenschale

1 EL Mehl

200 g saure Sahne

100 g Sahne

Pfeffer aus der Mühle

1 Spritzer Zitronensaft

1. Die Zwiebeln schälen und in kleine Würfel schneiden. Das Fleisch ebenfalls in Würfel schneiden.

2. Das Schmalz in einem Topf erhitzen und die Zwiebeln darin bei mittlerer Hitze gold-gelb braten. Das Kalbfleisch dazugeben und mit Salz würzen. Mit dem Paprikapulver bestäuben. Das Tomatenmark unterrühren und kurz mitbraten.

3. So viel Fond angießen, dass das Fleisch vollständig bedeckt ist. Die Zitronenschale hinzufügen und das Gulasch zugedeckt bei schwacher Hitze etwa 45 Minuten weich schmoren.

4. Das Fleisch mit dem Schaumlöffel aus dem Schmorfond heben und in eine Schüssel geben. Das Mehl in einer kleinen Schüssel mit der sauren Sahne verrühren. Die Mi-schung unter den leicht köchelnden Schmorfond rühren und 5 Minuten weiterköcheln lassen. Dann die Sahne unterrühren.

5. Die Sauce mit Salz, Pfeffer und Zitronensaft abschmecken und mit dem Stabmixer pürieren. Das Fleisch wieder in die Sauce geben und darin erwärmen.

6. Das Kalbsrahmgulasch in tiefe Teller verteilen und nach Belieben mit einer Beilage (siehe Tipp) servieren.

Bachmeiers Tipp:

Zu diesem Kalbsrahmgulasch passt nahezu jede Beilage, angefangen von einer einfachen, knusprigen Semmel, über Salzkartoffeln oder Kartoffelpüree (siehe S. 133) bis hin zu Bandnudeln. Sie können auch einmal Semmelknödel (siehe S. 54) oder Fingernudeln (siehe S. 137) dazu probieren. Das macht zwar etwas mehr Arbeit, aber es lohnt sich!

Spargel mit Hollandaise
und Wiener Schnitzel

1. Für den Spargel den Spargel schälen, holzige Enden abschneiden. Je ein Viertel der Spargelstangen mit Küchengarn zusammenbinden. Die Zitrone auspressen. In einem großen Topf reichlich Salzwasser mit dem Zucker, dem Zitronensaft und der ausgepressten Zitrone aufkochen. Den Spargel dazugeben. Den Topf vom Herd nehmen und den Spargel 20 bis 25 Minuten gar ziehen lassen.

2. Inzwischen für die Sauce hollandaise die Butter in einem Topf bei schwacher Hitze zerlassen. Die Eigelbe in einer Metallschüssel mit dem Essig, dem Zitronensaft und dem Wein kräftig verrühren. Mit Cayennepfeffer, Salz und Pfeffer würzen.

3. Die Eigelbmasse im nicht zu heißen Wasserbad mit dem Schneebesen kräftig schlagen, bis sie eine cremige Konsistenz bekommt. Die Schüssel vom Wasserbad nehmen und noch etwas weiterrühren. Die zerlassene Butter nach und nach unterschlagen. Die Sauce nochmals abschmecken und warm halten.

4. Für das Wiener Schnitzel die Eigelbe in einem tiefen Teller mit der Sahne verquirlen. Das Fleisch in 4 Scheiben schneiden und zwischen zwei Lagen Frischhaltefolie mit dem Plattiereisen oder einem Stieltopf flach klopfen. Mit Salz und Pfeffer würzen. Das Mehl und die Weißbrotbrösel in je einen tiefen Teller geben. Die Schnitzel im Mehl wenden, durch die Eigelbe ziehen und mit den Weißbrotbröseln panieren, diese nur leicht andrücken.

5. Das Butterschmalz in einer Pfanne erhitzen. Die Schnitzel darin 2 bis 3 Minuten goldbraun ausbacken, wenden, die kalte Butter hinzufügen und die Schnitzel weitere 2 bis 3 Minuten backen, dabei die Pfanne leicht hin und her schwenken, sodass das Fett über die Schnitzel schwappt (siehe Tipp).

6. Den Spargel aus dem Sud nehmen, abtropfen lassen. Mit den Schnitzeln auf Tellern anrichten und mit etwas Fleur de Sel würzen. Die Sauce hollandaise dazu servieren.

Zutaten für 4 Personen:

Für den Spargel:

2 kg weißer Spargel

½ unbehandelte Zitrone

Salz · 1 TL Zucker

Fleur de Sel

Für die Hollandaise:

200 g Butter · 3 Eigelb

1 Spritzer Estragonessig (ersatzweise Weißweinessig)

Saft von 1 Zitrone

4 cl Weißwein

1 Msp. Cayennepfeffer

Salz · Pfeffer aus der Mühle

Für das Wiener Schnitzel:

2 Eigelb · 1 EL Sahne

400 g Kalbsrücken (ohne Fett)

Salz · Pfeffer aus der Mühle

80 g Mehl · 100 g Weißbrotbrösel

3 – 4 EL Butterschmalz

40 g kalte Butter

Bachmeiers Tipp:

Die Brösel dürfen beim Panieren nicht zu stark angedrückt werden, damit die Panade trocken bleibt. Durch das Hin- und Herschwenken der Schnitzel in der Pfanne entsteht eine schöne wellige Oberfläche – die Panade »souffliert«.

Krautwickerl

Zutaten für 6 Personen:

1 Spitzkohl

Salz

2 Brötchen (vom Vortag)

50 ml lauwarme Milch

2 Zwiebeln

60 g Butter

2 EL gehackte Petersilie

1 Ei

150 g Schweinefilet

1 EL Öl

Pfeffer aus der Mühle

100 g gemischtes Hackfleisch

½ TL getrockneter Majoran

6 dünne Scheiben Räucherspeck (Wammerl)

je 1 Zweig Rosmarin und Thymian

1 Stiel Petersilie

50 g Räucherspeck (Wammerl; in Würfeln)

1 Knoblauchzehe

½ l Gemüsebrühe

1. Vom Spitzkohl die äußeren Blätter entfernen, 6 große Kohlblätter beiseitelegen, den restlichen Kohl vierteln und den harten Strunk entfernen. Die beiseitegelegten Spitzkohlblätter in kochendem Salzwasser 2 Minuten bissfest blanchieren und in eiskaltem Wasser abschrecken. Die Blätter auf einem Küchentuch verteilen. Ein zweites Küchentuch darauflegen und die Kohlblätter mit dem Nudelholz flach rollen.

2. Die Brötchen in kleine Würfel schneiden und in der lauwarmen Milch einweichen. Eine Zwiebel schälen und in feine Würfel schneiden. In einer Pfanne 1 EL Butter erhitzen und die Zwiebel darin glasig dünsten. Die Petersilie unterrühren.

3. Die Brötchen ausdrücken und in eine Schüssel geben. Das Ei verquirlen und mit der gedünsteten Zwiebel untermischen.

4. Das Schweinefilet in kleine Würfel schneiden. Das Öl in einer Pfanne erhitzen und das Fleisch darin rundum anbraten. Mit Salz und Pfeffer würzen und zur Brötchenmischung geben. Das Hackfleisch untermischen, die Masse mit Salz, Pfeffer und Majoran würzen und kühl stellen.

5. Jeweils ein Sechstel der Fleischfüllung auf einem blanchierten Kohlblatt verteilen und dieses zu einem flachen Päckchen (»Wickerl«) aufrollen. Mit 1 Speckscheibe umwickeln und mit einem Holzspießchen verschließen.

6. Den Backofen auf 180 °C vorheizen. Die restliche Zwiebel schälen und in feine Würfel schneiden. Die Kräuter waschen und trocken schütteln.

7. Die übrige Butter in einem Bräter erhitzen und die Zwiebel darin andünsten. Die Kohlviertel halbieren, mit den Speckwürfeln dazugeben und anbraten. Die Kräuter waschen, trocken schütteln, zu einem Sträußchen binden und hinzufügen. Die ungeschälte Knoblauchzehe andrücken und ebenfalls dazugeben. Mit der Brühe ablöschen. Die Krautwickerl hineinlegen und zugedeckt im Ofen etwa 30 Minuten garen. Dann den Deckel abnehmen und 10 Minuten weitergaren.

8. Die Krautwickerl aus dem Ofen nehmen und mit den Kohlstücken auf Teller verteilen. Dazu passt Kartoffelpüree (siehe S. 133).

Gefüllte Kalbsbrust
nach Rudi Färber

Zutaten für 4 Personen:

4 Brötchen (vom Vortag)

½ l Rinderbrühe

1 kg Kalbsbrust (ohne Knochen; vom Metzger eine tiefe Tasche hineinschneiden lassen)

Salz · Pfeffer aus der Mühle

½ TL gemahlener Kümmel

3 Eier

1 EL fein gehackte Petersilie

1 Karotte

1 Petersilienwurzel

80 g Knollensellerie

1 Zwiebel

3 – 4 Kalbsknochen

2 EL Butterschmalz

½ l dunkles Bier

1. Für die Füllung die Brötchen in dünne Scheiben schneiden und in eine Schüssel geben. Von der Brühe 150 ml lauwarm erhitzen, darübergießen und die Brötchen 15 Minuten ziehen lassen.

2. Die Kalbsbrust innen und außen kräftig mit Salz, Pfeffer und dem Kümmel einreiben. Die Eier und die Petersilie unter die Brötchen mischen und die Füllung mit Salz und Pfeffer würzen. In die Fleischtasche füllen und mit Küchengarn gut zunähen.

3. Den Backofen auf 200 °C vorheizen. Die Karotte, die Petersilienwurzel und den Knollensellerie putzen und schälen. Die Zwiebel schälen. Das Gemüse in kleine Würfel schneiden. Die Kalbsknochen waschen und trocken tupfen.

4. Das Butterschmalz in einem Bräter erhitzen und die Knochen und das Wurzelgemüse darin bei starker Hitze anrösten. Die gefüllte Kalbsbrust auf das Gemüse in den Bräter legen und die restliche Brühe angießen.

5. Die Kalbsbrust im Ofen auf der mittleren Schiene etwa 2 Stunden garen. Währenddessen mehrmals mit dem dunklen Bier und dem entstandenen Bratensaft übergießen. Gegebenenfalls etwas Wasser hinzufügen.

6. Die fertig gegarte Kalbsbrust aus dem Bräter nehmen und mit Alufolie zugedeckt 10 Minuten ruhen lassen. Die Bratensauce durch ein feines Sieb streichen und mit Salz, Pfeffer und Kümmel abschmecken. Die Kalbsbrust in Scheiben schneiden und mit der Sauce servieren. Dazu passt Kartoffelsalat (siehe S. 116).

Bachmeiers Tipp:

Oft werden die Semmeln für eine Füllung mit lauwarmer Milch übergossen. Milch bindet jedoch sehr stark und macht die Masse eher fest und kompakt. Ich nehme stattdessen lieber Brühe, so bleibt die Füllung schön luftig und locker.

Kalbskarree
mit Chicorée und Perlgraupen

1. Für das Kalbskarree den Backofen auf 200 °C vorheizen. Ein Ofengitter auf die mittlere Schiene und darunter ein Abtropfblech schieben. Das Kalbskarree waschen und trocken tupfen. Mit Salz und weißem Pfeffer würzen.

2. Das Olivenöl in einer Pfanne erhitzen und das Fleisch darin bei mittlerer Hitze rundum anbraten. Das Fleisch auf das Ofengitter legen und im Ofen etwa 35 Minuten garen. Den Ofen ausschalten und das Fleisch bei halb geöffneter Backofentür 10 Minuten ruhen lassen.

3. Inzwischen für die Perlgraupen die Graupen kalt abbrausen und auf einem Sieb abtropfen lassen. Die Zwiebel schälen und in feine Würfel schneiden. Das Olivenöl in einem Topf erhitzen und die Zwiebel darin andünsten. Die Perlgraupen dazugeben und 2 bis 3 Minuten mitdünsten. Die heiße Brühe angießen, die Graupen mit 1 Prise Meersalz würzen und 30 bis 40 Minuten garen.

4. Den Knoblauch ungeschält andrücken. Den Thymian und den Rosmarin waschen und trocken tupfen. Die Butter in einer Pfanne erhitzen. Knoblauch, Thymian und Rosmarin dazugeben. Das Karree hineinlegen und mehrmals mit der Butter beträufeln.

5. Den Chicorée putzen, waschen und in feine Streifen schneiden. Zu den Graupen geben und 2 bis 3 Minuten mitköcheln lassen. Sobald die Graupen weich sind, den Parmesan und die Butter unterrühren.

6. Das Kalbskarree in Scheiben schneiden und mit den Chicorée-Graupen auf Tellern anrichten und servieren.

Zutaten für 4 Personen:

Für das Kalbskarree:

800 g Kalbskarree (küchenfertig; mit Knochen)

Salz · weißer Pfeffer aus der Mühle

2 EL Olivenöl

1 Knoblauchzehe

je 1 Zweig Thymian und Rosmarin

100 g Butter

Für die Perlgraupen:

250 g Perlgraupen

1 weiße Zwiebel

4 EL Olivenöl

ca. 1 l heiße Hühner- oder Gemüsebrühe

Meersalz

5 Chicorée

ca. 100 g frisch geriebener Parmesan

50 g Butter

Helles Ossobuco
mit Kapern und Crostini

Zutaten für 4 Personen:

Für das Ossobuco:

4 Schalotten · 2 Knoblauchzehen

je 50 g Knollensellerie, Petersilienwurzel und Staudensellerie

4 Kalbshaxenscheiben
(etwa 4 cm dick)

ca. 1 EL Mehl

2 EL Öl

Salz · Pfeffer aus der Mühle

1 EL Butter · 2 Lorbeerblätter

¼ l trockener Weißwein

300 ml heller Kalbsfond

¼ Stange Lauch

je 2 Zweige Rosmarin und Thymian

2 Stiele Petersilie

30 g Taggiasca-Oliven · 4 Tomaten

30 g Kapern

Für die Crostini:

1 EL gehackte Petersilie

abgeriebene Schale von 1 unbehandelten Zitrone

Meersalz

2 gehackte getrocknete Tomaten

4 dünne Scheiben geröstetes
Weißbrot

1. Für das Ossobuco die Schalotten und den Knoblauch schälen und in feine Wür-fel schneiden. Den Knollensellerie und die Petersilienwurzel putzen und schälen, den Staudensellerie putzen und waschen. Das Gemüse in 1 cm große Würfel schneiden.

2. Den Backofen auf 220 °C vorheizen. Die Kalbshaxenscheiben waschen, trocken tup-fen und in Mehl wenden. In einer Pfanne 1 EL Öl erhitzen und die Haxenscheiben darin bei mittlerer Hitze auf beiden Seiten anbraten. Aus der Pfanne nehmen und mit Salz und Pfeffer würzen.

3. Die Butter und das restliche Öl in einem Bräter erhitzen und die Schalotten und den Knoblauch darin andünsten. Knollensellerie, Petersilienwurzel und Staudensellerie dazugeben und mitdünsten.

4. Die Kalbshaxenscheiben auf das Gemüse setzen, die Lorbeerblätter dazugeben und nach und nach den Wein dazugeben und vollständig einkochen lassen. Den Fond an-gießen und das Fleisch im Ofen auf der mittleren Schiene etwa 2 Stunden garen. Zwi-schendurch das Fleisch mehrmals wenden und, falls nötig, etwas Wasser angießen.

5. Den Lauch putzen und waschen, die Kräuter waschen und trocken schütteln. Den Lauch und die Kräuter zu einem Sträußchen binden und nach 30 Minuten Garzeit zum Fleisch geben.

6. Die Oliven entsteinen. Die Tomaten kreuzweise einritzen, überbrühen, häuten und entkernen. Das Fruchtfleisch in kleine Würfel schneiden.

7. Das Fleisch herausnehmen und das Kräutersträußchen entfernen. Die Sauce nach Belieben mit etwas Speisestärke binden. Das Fleisch von den Knochen lösen und das Mark aus den Knochen kratzen.

8. Für die Crostini das Mark in eine Schüssel geben. Gehackte Petersilie, Zitronenscha-le, etwas Meersalz und die gehackten getrockneten Tomaten dazugeben und verrüh-ren. Die Weißbrotscheiben rösten und die Mischung darauf verteilen.

9. Das ausgelöste Fleisch auf vorgewärmten Tellern anrichten. Die Kapern, die Oliven und die frischen Tomatenwürfel in die Sauce geben und einmal aufkochen lassen. Über das Fleisch gießen und die Crostini darauf anrichten.

Kalbsschulter
mit Kartoffel-Meerrettich-Püree

Zutaten für 4 Personen:

Für die Kalbsschulter:

2 Karotten · ¼ Sellerieknolle

1 Stange Lauch

8 Schalotten

1 Knoblauchzehe

1 flache Kalbsschulter (Schaufelbug; ca. 1 kg; ohne Knochen)

Salz · Pfeffer aus der Mühle

1 EL Mehl · 1 EL Öl

Zucker · 1 EL Tomatenmark

100 ml roter Portwein

100 ml Madeira (port. Likörwein)

100 ml Rotwein

je 1 Zweig Rosmarin und Thymian

1 Stiel Petersilie · 1 Lorbeerblatt

Für das Kartoffel-Meerrettich-Püree:

400 g mehligkochende Kartoffeln

Salz · ½ TL ganzer Kümmel

1 Stiel Petersilie

200 g zimmerwarme Butter

300 ml Milch

frisch geriebene Muskatnuss

4 EL Meerrettich (aus dem Glas)

1. Für die Kalbsschulter die Karotten und den Sellerie putzen und schälen, den Lauch putzen und waschen. Die Schalotten und den Knoblauch schälen. Das Gemüse in etwa 2 cm große Würfel schneiden.

2. Die Kalbsschulter mit Salz und Pfeffer würzen und mit wenig Mehl bestäuben. Das Öl in einem Bräter erhitzen, das Fleisch darin bei mittlerer Hitze rundum anbraten, wieder herausnehmen und beiseitestellen.

3. Das klein geschnittene Gemüse bis auf den Knoblauch im Bratsatz anrösten, den Zucker darüberstreuen und karamellisieren. Das Tomatenmark unterrühren und kurz anrösten. Den Knoblauch dazugeben, mit einem Viertel des Portweins ablöschen und vollständig einkochen lassen. Dann mit einem Viertel des Madeiras ablöschen und ebenfalls einkochen lassen. Ein Viertel des Rotweins angießen und einkochen lassen. Diese Prozedur noch dreimal wiederholen.

4. Den Backofen auf 120 °C vorheizen. Die Kräuter waschen, trocken tupfen und mit dem Lorbeerblatt zu einem Sträußchen (Bouquet garni) binden. Das Fleisch mehrmals im Saucenansatz wenden, dann so viel Wasser angießen, dass die Schulter knapp bedeckt ist. Die Kalbsschulter zugedeckt im Ofen auf der mittleren Schiene je nach Größe der Schulter etwa 1 ½ Stunden weich schmoren.

5. Für das Kartoffel-Meerrettich-Püree die Kartoffeln gründlich waschen und mit der Schale im kochenden Salzwasser mit dem Kümmel und der Petersilie etwa 20 Minuten weich garen. Die Kartoffeln abgießen, ausdampfen lassen, möglichst heiß pellen und durch die Kartoffelpresse drücken.

6. Die Butter mit einem Holzlöffel nach und nach unterrühren. Die Milch aufkochen und ebenfalls nach und nach einarbeiten. Das Püree mit Salz und Muskatnuss abschmecken und den Meerrettich unterheben.

7. Wenn die Kalbsschulter fertig gegart ist (eine hineingestochene Gabel lässt sich leicht wieder herausziehen), das Fleisch aus der Sauce nehmen und warm halten. Die Sauce durch ein feines Sieb streichen und einköcheln lassen, bis sie eine cremige Konsistenz erhält. Nach Belieben abschmecken.

8. Die Kalbsschulter in Scheiben schneiden und mit der Sauce und dem Kartoffel-Meerrettich-Püree auf Tellern anrichten.

Kalbstafelspitz
mit Schnittlauchsauce

1. Für den Tafelspitz den Backofen auf 185 °C vorheizen. Den Tafelspitz mit Salz und Pfeffer würzen. Das Öl in einer Pfanne erhitzen und das Fleisch darin rundum bei starker Hitze anbraten. Ein Ofengitter auf die mittlere Schiene und darunter ein Abtropfblech schieben. Das Fleisch aus der Pfanne nehmen und im Ofen auf dem Ofengitter etwa 35 Minuten garen. Gelegentlich wenden.

2. Sobald der Tafelspitz gar ist (nach Belieben mit einem Küchenthermometer die Kerntemperatur des Fleischs messen. Sie sollte etwa 50 °C betragen), das Fleisch bei geöffneter Backofentür etwa 10 Minuten ruhen lassen.

3. Für die Schnittlauchsauce das Toastbrot in der Milch einweichen und gut ausdrücken. Mit dem Senf zur sauren Sahne geben und mit dem Stabmixer fein pürieren. Den Schnittlauch waschen, trocken schütteln und in feine Röllchen schneiden. Unter die saure Sahne rühren und mit Zitronenschale, Salz, Cayennepfeffer und der Worcestershiresauce abschmecken.

4. Den Rosmarin und den Thymian waschen und trocken schütteln. Die Butter in einer Pfanne erhitzen. Die Kräuter dazugeben. Den Tafelspitz hineinlegen und immer wieder mit der Butter beträufeln.

5. Das Fleisch herausnehmen, gegen die Faser aufschneiden und mit der Schnittlauchsauce auf Tellern anrichten und servieren.

Zutaten für 4 Personen:

Für den Tafelspitz:

ca. 900 g Kalbstafelspitz (küchenfertig)

Salz · Pfeffer aus der Mühle

1 EL Öl

je 2 Zweige Rosmarin und Thymian

50 g Butter

Für die Schnittlauchsauce:

200 g entrindetes Toastbrot

100 ml Milch

1 TL Senf

250 g saure Sahne

1 Bund Schnittlauch

½ TL abgeriebene unbehandelte Zitronenschale

Salz · Cayennepfeffer

1 Spritzer Worcestershiresauce

Bachmeiers Tipp:

Klassischerweise wird der Tafelspitz ja gekocht. Die Zubereitung im Backofen gefällt mir aber genauso gut, weil das zarte Kalbfleisch dabei wunderbar saftig bleibt und es durch das anschließende Wenden in Kräuterbutter eine ganz besondere Note erhält.

Rinderlende Strindberg

Zutaten für 4 Personen:

200 g weiße Zwiebeln

4 Scheiben Rinderlende (à 180 g)

Salz · Pfeffer aus der Mühle

4 TL scharfer Senf

Mehl

½ Eigelb

2 EL Öl

1 Zweig Thymian

50 g Butter

2 EL Kalbsjus (ersatzweise Kalbsfond)

1. Die Zwiebeln schälen und in feine Würfel schneiden. Die Zwiebelwürfel kurz in kochendem Wasser blanchieren, in ein Sieb abgießen, kalt abschrecken und abtropfen lassen. Die Zwiebeln auf Küchenpapier ausbreiten und trocken tupfen.

2. Den Backofen auf 180 °C vorheizen. Ein Ofengitter auf die mittlere Schiene und darunter ein Abtropfblech schieben. Die Rinderlendenscheiben mit Salz und Pfeffer würzen und auf einer Seite mit etwas Senf bestreichen. Die Zwiebeln mit dem restlichen Senf, ½ EL Mehl und dem Eigelb mischen. Die Zwiebelmischung auf der mit Senf bestrichenen Fleischseite verteilen, festdrücken und leicht mit Mehl bestäuben.

3. Das Öl in einer Pfanne erhitzen und die Fleischscheiben auf der Zwiebelseite bei mittlerer Hitze goldbraun anbraten. Das Fleisch wenden und 1 bis 2 Minuten weiterbraten. Herausnehmen und auf dem Gitter im Ofen etwa 12 Minuten fertig garen. Den Backofen ausschalten, die Backofentür öffnen und das Fleisch etwa 4 Minuten ruhen lassen.

4. Den Thymian waschen und trocken tupfen. Die Butter in einer weiteren Pfanne zerlassen und den Thymian dazugeben. Die Fleischscheiben in die Pfanne geben und mehrmals mit der Butter beträufeln.

5. Das Fleisch herausnehmen und auf vorgewärmte Teller verteilen. Das Fett aus der Pfanne abgießen und den Bratsatz mit etwas Wasser loskochen. Den Kalbsjus dazugeben, aufkochen lassen und zum Fleisch geben. Dazu passen Bratkartoffeln (siehe S. 57).

Bistecca fiorentina

Zutaten für 4 Personen:

1 Fiorentina (T-Bone-Steak; ca. 800 g)

3–4 EL Olivenöl

2 Radicchio trevisano

3 EL Butter

ca. 200 ml Portwein

1 Knoblauchzehe

1 Bund Thymian

1 Zweig Rosmarin

Fleur de Sel

Pfeffer aus der Mühle

1. Das Steak etwa 1 Stunde vor dem Zubereiten aus dem Kühlschrank nehmen, waschen und trocken tupfen. Den Backofen auf 140 °C vorheizen. In einer großen ofenfesten Pfanne 2 EL Olivenöl erhitzen und das Fleisch darin rundum anbraten. Das Steak im Ofen auf der mittleren Schiene etwa 40 Minuten fertig garen. Die Ofentür öffnen und das Fleisch weitere 10 Minuten ruhen lassen.

2. Den Radicchio putzen, waschen und trocken schleudern. In einem Topf 1 EL Olivenöl und 1 EL Butter erhitzen. Den Radicchio dazugeben und 5 Minuten andünsten. Mit dem Portwein ablöschen und zugedeckt beiseitestellen.

3. Den Knoblauch ungeschält andrücken. Den Thymian und den Rosmarin waschen und trocken schütteln. Die restliche Butter in einer Pfanne erhitzen, den Knoblauch und die Kräuterzweige dazugeben und das Fleisch darauflegen. Immer wieder mit der Butter beträufeln.

4. Das Steak aus der Pfanne nehmen und in feine Streifen tranchieren. Den Radicchio auf Teller verteilen. Die Steakscheiben darauf anrichten. Mit etwas Olivenöl beträufeln und mit Fleur de Sel und Pfeffer würzen. Nach Belieben etwas Parmesan darüberhobeln und servieren.

Pfeffersteak
mit Rahmkartoffeln

Zutaten für 4 Personen:

Für die Rahmkartoffeln:

500 g vorwiegend festkochende Kartoffeln

1 Knoblauchzehe

1 EL Butter · Salz

frisch geriebene Muskatnuss

200 g Sahne

Für das Pfeffersteak:

8 EL schwarze Pfefferkörner

4 Rinderfilets (à 220 g; küchenfertig)

4 EL Olivenöl · 4 EL Butter

60 ml Cognac · Meersalz

4 Schalotten

160 ml kräftiger Rotwein

4 EL Kalbsjus (ersatzweise Rinderbrühe)

360 g Sahne · etwas Zitronensaft

½ TL Dijon-Senf

bunte Pfeffermischung (im Handel erhältlich)

4 EL Schnittlauchröllchen

1. Für die Rahmkartoffeln die Kartoffeln schälen, waschen und in feine Scheiben schneiden oder hobeln.

2. Den Backofen auf 190 °C vorheizen. Den Knoblauch schälen und halbieren. Einen Bräter mit dem Knoblauch ausreiben und mit der Butter einfetten. Die Kartoffeln dachziegelartig in den Bräter schichten und mit Salz und Muskatnuss würzen. Die Sahne angießen und alles kurz aufkochen lassen. Die Kartoffeln vom Herd nehmen und im Ofen auf der mittleren Schiene 25 Minuten goldbraun backen.

3. Inzwischen für die Pfeffersteaks die Pfefferkörner im Mörser grob zerstoßen und auf einen flachen Teller geben. Die Filets darin wenden und den Pfeffer mit den Handballen leicht andrücken.

4. Das Olivenöl und die Hälfte der Butter in einer Pfanne erhitzen und die Filets darin auf beiden Seiten anbraten. Das Fett abgießen und das Fleisch mit dem Cognac ablöschen. Die Steaks rundum mit Meersalz würzen, herausnehmen, auf ein Gitter legen und ruhen lassen. Einen Teller darunterstellen, um den Saft aufzufangen, und das Fleisch gelegentlich wenden.

5. Für die Sauce die Schalotten schälen und in feine Würfel schneiden. Die restliche Butter in einem Topf erhitzen und die Schalotten darin andünsten. Mit dem Wein ablöschen und fast vollständig einköcheln lassen. Den Kalbsjus und die Sahne dazugeben und sämig einköcheln. Die Sauce mit Salz, Zitronensaft und Senf abschmecken. Den aufgefangenen Fleischsaft dazugeben und die Steaks hineinlegen. Mit Salz abschmecken und einige Minuten in der Sauce erwärmen, aber nicht kochen lassen. Dabei immer wieder mit der Sauce beträufeln.

6. Die Rahmkartoffeln aus dem Ofen nehmen. Die Steaks auf vorgewärmten Tellern anrichten, die Sauce darübergießen und alles mit buntem Pfeffer aus der Mühle und Schnittlauchröllchen bestreuen. Mit den Rahmkartoffeln servieren.

Gefüllte Rinderroulade
mit Kraut und Kartoffelpüree

1. Die Spitzkohlblätter in kochendem Salzwasser bissfest blanchieren und in eiskaltem Wasser abschrecken. Die Blätter auf einem Küchentuch verteilen. Ein zweites Küchentuch darauflegen und die Kohlblätter mit dem Nudelholz flach drücken.

2. Die Karotte, die gelbe Rübe und die Essiggurken in 1 cm dicke und etwa 10 cm lange Streifen schneiden. Die Rinderrouladen mit Pfeffer würzen und mit dem Senf bestreichen. Den Lardo auf die Rouladen verteilen. Jeweils 1 Kohlblatt darauflegen, sodass die Roulade ganz damit bedeckt ist. Die Karotte, die gelbe Rübe und die Gurken quer darauflegen. Die Rouladen von der schmalen Seite her fest einrollen, zusammenbinden und auf der mit Mehl bestäubten Arbeitsplatte im Mehl wenden.

3. Den Backofen auf 160 °C vorheizen. Die Schalotten schälen und in Streifen schneiden. Das Öl in einem Bräter erhitzen und die Rouladen darin rundum anbraten. Herausnehmen und beiseitestellen. Die Schalotten, die Karotte und den Sellerie im Bratsatz anrösten. Das Tomatenmark und den Knoblauch dazugeben und mitrösten.

4. Den Wein nach und nach angießen und einkochen lassen. Nach und nach die Hälfte der Brühe dazugeben und ebenfalls einkochen lassen. Die Rouladen wieder dazugeben und wenden. Den Rest der Brühe auf einmal angießen. Die Gewürze hinzufügen und die Rouladen zugedeckt im Ofen 1 bis 1 ½ Stunden schmoren lassen, dabei gelegentlich wenden.

5. Für das Kartoffelpüree die Petersilie waschen und trocken tupfen. Die Kartoffeln waschen und mit Petersilie und Kümmel in Salzwasser etwa 20 Minuten weich garen.

6. Die Kartoffeln abgießen, ausdampfen lassen und möglichst heiß pellen. Durch die Kartoffelpresse in eine Schüssel drücken und die Butter mit einem Holzlöffel nach und nach unterrühren. Die Milch aufkochen und ebenfalls langsam nach und nach dazugeben. Die Kartoffelmasse mit Salz und 1 Prise Muskatnuss würzen.

7. Die Rouladen aus der Sauce nehmen und warm halten. Die Sauce aufkochen und die Gewürze entfernen. Die Sauce in ein Sieb geben und das Gemüse mit der Schöpfkelle leicht durch das Sieb zur Sauce drücken. Nach Belieben mit etwas Mehlbutter binden. Mit Salz und Pfeffer abschmecken.

8. Die Rouladen auf Tellern anrichten und mit der Sauce und dem Püree servieren.

Zutaten für 4 Personen:

Für die Rinderroulade:

4 Spitzkohlblätter · Salz

je 50 g Karotte, gelbe Rübe und Essiggurken

4 Rinderrouladen (à ca. 200 g; aus der Oberschale)

Pfeffer aus der Mühle

4 TL Dijon-Senf

50 g Lardo (in dünnen Scheiben; ersatzweise Pancetta)

2 EL Mehl · 3 Schalotten · 3 EL Öl

50 g Karotte (in Würfeln)

50 g Knollensellerie (in Würfeln)

1 EL Tomatenmark

1 angedrückte Knoblauchzehe

100 ml Rotwein · ½ l Rinderbrühe

1 Lorbeerblatt · 4 Wacholderbeeren

2 Gewürznelken

Für das Kartoffelpüree:

1 Stiel Petersilie

400 g mehligkochende Kartoffeln

1 TL ganzer Kümmel · Salz

200 g weiche Butter

300 ml Milch

frisch geriebene Muskatnuss

Schweinekotelett
»Jäger Art« mit Röstkartoffeln

Zutaten für 4 Personen:

Für die Röstkartoffeln:

400 g festkochende Kartoffeln (z.B. Linda)

Salz · 1 Stiel Petersilie

1 EL ganzer Kümmel

1 – 2 EL Öl · 1 Frühlingszwiebel

Salz · Pfeffer aus der Mühle

frisch geriebene Muskatnuss

50 g Butter

Für das Schweinekotelett:

4 Schweinekoteletts (à 200 g)

Salz · 2 EL Mehl · 2 EL Öl

Fleur de Sel · Pfeffer aus der Mühle

je 1 Zweig Thymian und Rosmarin

1 Knoblauchzehe · 50 g Butter

Für die Steinpilze:

200 g Steinpilze

1 Zweig Rosmarin

1 EL Butter · 1 Knoblauchzehe

Salz · 125 ml brauner Kalbsfond

200 g Sahne

1 EL gehackte Petersilie

1. Für die Röstkartoffeln die Kartoffeln mit der Schale gründlich waschen und in Salzwasser mit der Petersilie und dem Kümmel weich garen. Die Kartoffeln abgießen, ausdampfen lassen und möglichst heiß pellen. Abkühlen lassen.

2. Für die Koteletts den Backofen auf 180 °C vorheizen. Ein Ofengitter auf die mittlere Schiene und darunter ein Abtropfblech schieben. Die Koteletts waschen und trocken tupfen. Das Fleisch mit Salz würzen und im Mehl wenden, überschüssiges Mehl gut abklopfen. Das Öl in einer Pfanne erhitzen und das Fleisch darin auf beiden Seiten anbraten. Die Koteletts herausnehmen und im Ofen auf dem Ofengitter etwa 8 Minuten garen. Das Fleisch wenden und weitere 8 Minuten fertig garen. Aus dem Ofen nehmen und warm halten.

3. Inzwischen für die Steinpilze die Pilze putzen und in Scheiben schneiden. Den Rosmarin waschen und trocken tupfen. Die Butter im Bratsatz der Koteletts erhitzen und die Pilze darin anbraten. Den ungeschälten Knoblauch andrücken und mit dem Rosmarinzweig dazugeben. Die Pilze mit Salz würzen und mit dem Fond ablöschen. Die Sahne angießen und die Petersilie dazugeben. Die Pilze warm halten.

4. Die Kartoffeln in feine Scheiben schneiden. Das Öl in einer Pfanne erhitzen. Die Kartoffeln darin anbraten und gelegentlich wenden. Die Frühlingszwiebel putzen, waschen und in feine Ringe schneiden. Die Kartoffeln mit Salz, Pfeffer und Muskatnuss würzen. Die Frühlingszwiebel dazugeben und durchschwenken. Die Butter hinzufügen und die Kartoffeln goldbraun fertig rösten.

5. Den Thymian und den Rosmarin waschen und trocken tupfen. Die Knoblauchzehe ungeschält andrücken. Die Butter in einer Pfanne mit dem Knoblauch und den Kräutern erhitzen. Die Koteletts hineinlegen und immer wieder mit der Butter beschöpfen.

6. Die Röstkartoffeln auf Küchenpapier abtropfen lassen. Die Koteletts auf lauwarmen Tellern anrichten und mit etwas Fleur de Sel und Pfeffer würzen. Die Steinpilze mit Sauce darübergeben und die Röstkartoffeln dazu reichen.

Spanferkelrücken
mit Rahmwirsing

Zutaten für 4 Personen:

Für den Spanferkelrücken:

800 g Spanferkelkarree
(beim Metzger vorbestellen)

1 Knoblauchzehe

1 EL gemahlener Kümmel

abgeriebene Schale von 1 unbehandelten Zitrone

Fleur de Sel

1 Zwiebel · 1 Karotte

¼ Sellerieknolle · 2 EL Öl

200 g Schweine- oder Kalbsknochen
und Kalbs- oder Spanferkelschwän-
ze (beim Metzger vorbestellen)

200 ml dunkles Bier

1 Zweig Thymian

Salz · Pfeffer aus der Mühle

Für den Rahmwirsing:

1 junger Wirsing

Salz

2 Schalotten

3 EL Butter

1 angedrückte Knoblauchzehe

frisch geriebene Muskatnuss

250 g Sahne

Pfeffer aus der Mühle

1. Für das Spanferkel das Karree waschen und trocken tupfen. Den Knoblauch schälen und halbieren. Das Karree mit dem Knoblauch, dem Kümmel, der Hälfte der Zitronenschale und Fleur de Sel einreiben.

2. Die Zwiebel schälen und in feine Würfel schneiden. Die Karotte und den Sellerie putzen, schälen und in kleine Stücke schneiden. In einem Bräter 1 EL Öl erhitzen und die Knochen mit den Kalbs- oder Spanferkelschwänzen darin anbraten. Zwiebel, Sellerie und Karotte dazugeben und andünsten.

3. Den Backofen auf 170 °C vorheizen. Das restliche Öl in einer Pfanne erhitzen und das Karree darin auf der Hautseite hellbraun anbraten. In den Bräter geben und ¼ l Wasser angießen. Den halbierten Knoblauch dazugeben und das Fleisch im Ofen auf der mittleren Schiene etwa 20 Minuten garen. Das Spanferkel immer wieder mit dem Bratsud begießen.

4. Inzwischen für den Rahmwirsing den Wirsing putzen, waschen und vierteln, den harten Strunk entfernen. Die Blätter in kochendem Salzwasser 2 Minuten blanchieren, herausnehmen und kalt abschrecken. Die Blätter übereinanderlegen und klein hacken.

5. Das Spanferkel mit dem Bier begießen und weitere 20 Minuten garen, dabei weiter mit Bratsud begießen. Sobald die Kruste eine schöne Farbe hat, das Karree aus dem Bräter nehmen, auf ein Backblech legen und bei halb geöffneter Ofentür 10 Minuten ruhen lassen.

6. Die Schalotten schälen und in feine Würfel schneiden. Die Butter in einer Pfanne erhitzen und die Schalotten und den Knoblauch darin andünsten. Den Wirsing dazugeben und mit Salz und Muskatnuss würzen. Die Sahne hinzufügen und einkochen lassen. Nach Geschmack mit Salz, Pfeffer und Muskatnuss abschmecken.

7. Den Thymian waschen und trocken tupfen. Den Bratsud einmal aufkochen lassen und durch ein Sieb in einen Topf gießen. Den Thymian und die restliche Zitronenschale dazugeben und mit Salz und Pfeffer abschmecken.

8. Das Spanferkel in Scheiben schneiden und mit dem Rahmwirsing auf Tellern anrichten. Das Fleisch mit der Sauce beträufeln und servieren. Dazu passen Fingernudeln (siehe rechts).

Gebratenes Lammkarree
mit Fingernudeln

1. Für die Fingernudeln die Petersilie waschen und trocken schütteln. Die Kartoffeln mit der Schale gründlich waschen und mit der Petersilie und dem Kümmel in kochendem Salzwasser 20 bis 25 Minuten weich garen.

2. Inzwischen für das Lammkarree den Backofen auf 210 °C vorheizen. Die Lammkarrees waschen und trocken tupfen. Mit Salz und Pfeffer würzen. Das Öl und die Hälfte der Butter in einer ofenfesten Pfanne erhitzen und die Lammkarrees auf der Fleischseite hineinlegen.

3. Den Thymian waschen und trocken tupfen. Den Knoblauch ungeschält andrücken. Mit dem Thymian auf die Lammkarrees legen und das Fleisch im Ofen auf der mittleren Schiene 18 bis 20 Minuten garen und gelegentlich mit Bratensaft begießen.

4. Die Kartoffeln abgießen, ausdampfen lassen und möglichst heiß pellen. Durch die Kartoffelpresse drücken und mit Eigelb und Ei mischen. Wenn der Teig zu klebrig ist, etwas Speisestärke und Mehl dazugeben. Die Kartoffelmasse mit Salz und Muskatnuss würzen.

5. Den Teig dritteln und auf der Arbeitsfläche mit etwas Mehl zu etwa 1 cm dicken Rollen formen. Etwa 3 cm lange Stücke abschneiden und mit leicht bemehlten Händen zu »Fingern« rollen. Das Butterschmalz in einer Pfanne erhitzen und die Fingernudeln darin goldgelb braten.

6. Das Fleisch aus dem Ofen nehmen, wenden und 5 Minuten ruhen lassen. Die restliche Butter in einer Pfanne erhitzen und die gehackten Kräuter hineingeben. Die Lammkarrees darin noch einmal kurz rundum braten und mit Salz und Pfeffer abschmecken.

7. Die Lammkarrees in Scheiben schneiden und mit den gebratenen Fingernudeln auf Tellern anrichten.

Zutaten für 4 Personen:

Für die Fingernudeln:

1 kleines Bund Petersilie

500 g mehligkochende Kartoffeln

1 TL ganzer Kümmel · Salz

1 Eigelb · 1 Ei

frisch geriebene Muskatnuss

Mehl für die Arbeitsfläche

1 EL Butterschmalz

Für das Lammkarree:

2 Lammkarrees (à 350 g; küchenfertig)

Salz · Pfeffer aus der Mühle

2 EL Öl

4 EL Butter

1 Zweig Thymian

2 Knoblauchzehen

1 EL gehackte Kräuter (z.B. Petersilie, Estragon und Thymian)

Lammschulter
auf Schmorgurken und Tomaten

Zutaten für 4 Personen:

1,6 – 1,7 kg Lammschulter
(mit Knochen)

2 Bund Dill

1 TL schwarze Pfefferkörner

150 ml Weißwein- oder
Estragonessig

1 EL Senfkörner

Salz · Pfeffer aus der Mühle

1 EL Öl

400 g kleine festkochende Kartoffeln

5 Schalotten

4 EL Butter

150 g Cocktailtomaten

2 Schmorgurken (ca. 500 g)

Fleur de Sel

Dillspitzen zum Bestreuen

1. Am Vortag die Lammschulter waschen und trocken tupfen. Den Dill waschen, trocken schütteln und klein schneiden. Die Pfefferkörner im Mörser zerstoßen. Ein Küchentuch mit dem Essig tränken und das Fleisch darauflegen. Den Dill, die Senf- und die Pfefferkörner auf dem Fleisch verteilen und alles fest in das Tuch wickeln. Das Lamm im Kühlschrank 24 Stunden marinieren.

2. Am nächsten Tag den Backofen auf 140 °C vorheizen. Ein Ofengitter auf die mittlere Schiene und darunter ein Abtropfblech schieben. Die Lammschulter trocken tupfen, mit Salz und Pfeffer einreiben. Das Öl in einer Pfanne erhitzen und das Fleisch darin rundum anbraten. Herausnehmen und im Ofen auf dem Ofengitter 1 Stunde garen.

3. Die Kartoffeln in kochendem Salzwasser 10 Minuten garen, dann abgießen und pellen. Die Schalotten schälen und längs halbieren. Die Butter in einem Bräter erhitzen und die Kartoffeln mit den Schalotten darin anbraten.

4. Das Abtropfblech aus dem Ofen nehmen. Den Bratensaft mit etwas Wasser ablöschen, lösen und in den Bräter gießen. Den Bräter auf einem Blech unter die Lammschulter schieben. Das Lamm und die Kartoffeln weitere 20 Minuten garen. Inzwischen die Cocktailtomaten waschen und halbieren. Zu den Kartoffeln geben und alles nochmals 10 Minuten weitergaren.

5. Die Gurken schälen, längs halbieren und die Kerne mit einem Löffel entfernen. Das Fruchtfleisch in kleine Stücke schneiden und in kochendem Salzwasser bissfest blanchieren. Die Gurken kurz vor Ende der Garzeit zum Gemüse in den Bräter geben.

6. Das Fleisch herausnehmen und 10 Minuten ruhen lassen. Das Kartoffel-Gurken-Gemüse auf vorgewärmte Teller verteilen. Das Fleisch in Stücke schneiden und darauflegen. Mit Fleur de Sel und Pfeffer abschmecken, mit Fleischsud beträufeln und mit Dillspitzen garnieren.

Fleisch & Wild

Rehrücken
im Blätterteigmantel

Zutaten für 4 Personen:

400 g Blattspinat

Salz

200 g Putenbrustfilet

200 g eiskalte Crème double
(oder Sahne)

Pfeffer aus der Mühle

frisch geriebene Muskatnuss

270 g Blätterteig (aus dem
Kühlregal)

2 Rehrückenfilets (à 300 g)

1 Eigelb

1 EL Sahne

1. Den Spinat verlesen und waschen, grobe Stiele entfernen. In einem Topf reichlich Salzwasser zum Kochen bringen und den Spinat darin kurz blanchieren. In ein Sieb abgießen, in Eiswasser abschrecken und abtropfen lassen. Den Spinat auf einem Küchentuch ausbreiten und trocken tupfen.

2. Das Putenbrustfilet waschen, trocken tupfen, in kleine Würfel schneiden und im Tiefkühlfach 5 Minuten anfrieren lassen. Dann im Blitzhacker fein pürieren und die Crème double (oder Sahne) portionsweise untermixen. Die Masse mit Salz, Pfeffer und 1 Prise Muskatnuss würzen. Nach Belieben durch ein feines Sieb streichen und kühl stellen.

3. Den Backofen auf 180 °C vorheizen. Den Blätterteig auf der Arbeitsfläche ausbreiten. Die Spinatblätter so auf die Mitte des Teigs legen, dass sie in der Länge den beiden Rehrückenfilets entsprechen und etwa doppelt so breit sind. Die Teigränder mit Wasser bestreichen.

4. Die Rehrückenfilets mit Salz und Pfeffer würzen. Die Putenfarce etwa 1 cm dick auf den Spinat streichen, die Rehrückenfilets längs hintereinander darauflegen und in den Blätterteig einrollen. Den Blätterteig an den Enden einschlagen, andrücken und mit der Naht nach unten auf ein mit Backpapier belegtes Backblech setzen.

5. Das Eigelb mit der Sahne verrühren und den Teig damit bestreichen. Den Rehrücken im Ofen auf der mittleren Schiene etwa 25 Minuten backen, bis der Teig goldbraun ist. Herausnehmen, kurz ruhen lassen, in Scheiben schneiden und auf Tellern anrichten. Dazu passt Selleriepüree (siehe S. 86).

Bachmeiers Tipp:

Anstatt in Blätterteig können Sie den Rehrücken auch in Pfannkuchenteig (Rezept siehe S. 66; Crespelle) oder Strudelteig (Rezept siehe S. 156; Apfelstrudel) einwickeln. Dafür die Teigmenge entsprechend reduzieren.

Rehragout

1. Das Rehfleisch in große Würfel (à ca. 80 g) schneiden und mit Salz und Pfeffer würzen. Den Speck in Würfel schneiden. Das Suppengemüse putzen, waschen bzw. schälen und klein schneiden.

2. Das Öl in einem Schmortopf erhitzen und das Fleisch darin rundum kräftig anbraten. Den Speck und das Gemüse dazugeben und mitrösten. Mit der Hälfte des Weins ablöschen und etwas einkochen lassen. Den restlichen Wein dazugeben.

3. Die Pfefferkörner im Mörser grob zerstoßen. Den Apfel vierteln, entkernen, schälen und in Würfel schneiden. Mit dem Pfeffer, den Wacholder- und den Preiselbeeren zum Fleisch geben. Mit dem Mehl bestäuben und den Fond angießen.

4. Den Rosmarin und den Thymian waschen und trocken tupfen. Das Lorbeerblatt, die Gewürznelke, den Sternanis und die Pimentkörner in ein Gewürzsäckchen oder einen Einwegteebeutel füllen und verschließen. Mit dem Rosmarin und dem Thymian zum Ragout geben und das Fleisch 1 ½ Stunden weich schmoren.

5. Das Fleisch und das Gewürzsäckchen herausnehmen und die Sauce durch ein Sieb in einen Topf gießen, dabei die Saucenzutaten gut ausdrücken. Die Sauce mit Senf, Salz, Essig und nach Belieben etwas Butter abschmecken. Das Fleisch wieder in die Sauce legen.

6. Das Ragout auf Teller verteilen und nach Belieben mit Weintrauben, Speck, Croûtons und eingemachten Quitten servieren. Dazu passen Serviettenknödel oder Fingernudeln (siehe S. 137).

Zutaten für 8 Personen:

1,6 kg Rehfleisch (aus der Schulter; ohne Fett und Sehnen)

Salz · Pfeffer aus der Mühle

100 g durchwachsener Räucherspeck

250 g Suppengemüse (Knollensellerie, Karotten, Zwiebel, Lauch)

50 ml Öl · ¼ l Rotwein

1 TL schwarze Pfefferkörner

1 Apfel

½ TL Wacholderbeeren

80 g Preiselbeeren (aus dem Glas)

60 g Mehl · 2 l Wildfond

je 1 Zweig Rosmarin und Thymian

1 Lorbeerblatt

1 Gewürznelke · 1 Sternanis

1 TL Pimentkörner

1 TL scharfer Senf

1 EL Essig

Hirschrücken
mit Preiselbeerbirnen

Zutaten für 4 Personen:

Für die Preiselbeerbirnen:

2 Birnen · Saft von 1 Zitrone

3 Wacholderbeeren (fein zerstoßen)

3 EL Butter

2 Päckchen Vanillezucker

Saft von 1 Orange

1 Sternanis · ½ TL Anissamen

2 EL Orangenmarmelade

1 EL Preiselbeerkonfitüre

1 TL Thymianblättchen

1 EL durchwachsener Speck
(in Würfeln)

1 EL Walnusskerne · 1 Schalotte

Für den Hirschrücken:

1 Zweig Rosmarin

2 Knoblauchzehen

1 EL Butter · 2 EL Öl

1 Hirschrücken (ca. 800 g)

Salz · weißer Pfeffer aus der Mühle

2 cl Cognac · 200 ml Wildfond

3 EL saure Sahne

1 EL Johannisbeergelee (oder -likör)

Saft von ½ Zitrone

1. Für die Preiselbeerbirnen die Birnen halbieren, schälen und die Kerngehäuse entfernen. Die Birnenhälften mit dem Zitronensaft beträufeln und mit den Wacholderbeeren bestreuen.

2. In einer Pfanne 2 EL Butter erhitzen und den Vanillezucker hineinstreuen. Die Birnen hinzufügen und leicht karamellisieren. Mit dem Orangensaft ablöschen. Sternanis, Anissamen, Orangenmarmelade und Preiselbeerkonfitüre sowie Thymian hinzufügen und den Sud etwas einkochen lassen.

3. Den Speck in einer Pfanne auslassen. Die Walnüsse hacken. Die Schalotte schälen, in feine Würfel schneiden und mit der restlichen Butter und den Walnüssen zum Speck geben. Über die Birnen geben und die Birnen warm halten.

4. Für den Hirschrücken den Backofen auf 180 °C vorheizen. Ein Ofengitter auf die mittlere Schiene und darunter ein Abtropfblech schieben. Den Rosmarin waschen und trocken tupfen. Den Knoblauch ungeschält andrücken.

5. In einer Pfanne die Butter und 1 EL Öl erhitzen und den Hirschrücken darin auf beiden Seiten anbraten. Mit Salz und weißem Pfeffer würzen. Den Rosmarin und den Knoblauch dazugeben und kurz ziehen lassen. Das Fleisch aus der Pfanne nehmen und auf dem Gitter im Ofen etwa 15 Minuten rosa garen.

6. Inzwischen das Bratfett aus der Pfanne abgießen und den Bratsatz mit dem Cognac ablöschen. Den Fond angießen und sämig einkochen lassen. Die saure Sahne dazugeben und die Sauce mit Johannisbeergelee (oder -likör) und dem Zitronensaft abschmecken und nach Belieben durch ein feines Sieb streichen.

7. Den Hirschrücken aus dem Ofen nehmen und kurz ruhen lassen. In 4 Stücke schneiden und mit der Sauce auf vorgewärmte Teller verteilen. Jeweils 1 Birnenhälfte daneben anrichten und etwas Speck-Walnuss-Mischung darübergeben.

Desserts

Manch einem ist das Dessert zu schwierig. Und ich kann das sogar verstehen. Exaktes Abwiegen, genau ans Rezept halten, filigrane Verzierungsarbeiten. Das alles kann einem Koch das Letzte abverlangen, und wenn man dann noch ein Mensch ist, der eher aus dem Bauch heraus arbeitet, ist das Scheitern am Dessert schon programmiert.

Aber nicht bei mir, denn was für meine herzhafte Küche gilt, das gilt natürlich auch für meine süßen Nachspeisen. Die sind erstens einfach gut und zweitens auch einfach in der Herstellung. Da geht's jetzt nicht immer aufs Gramm genau, und außerdem hab ich für Sie jede Menge Tipps und Tricks auf Lager, wie diese Desserts einfach jedem gelingen.

Ich hoffe, Sie werden schwach bei meinen Rezepten. Bei der süßen Versuchung kann ich nämlich auch nie »Nein« sagen. Ich liebe den süßen Abschluss. Am liebsten mag ich das Cremige, das Kalte, das Erfrischende. Und noch besser ist es, wenn Gegensätze aufeinanderprallen, denn die ziehen sich ja bekanntermaßen an. Also zum Süßen gehört was Saures, Früchte zu Herzhaftem wie Käse, und zum lauwarmen Apfelstrudel passt gut ein kaltes Eis – das ist doch fantastisch, oder?!

Aber ich mag es auch sinnlich und opulent, ganz einfach eine Crème brulée oder ein Schokokuchen. Ja, so ein intensiver Schokoladengeschmack macht süchtig, und wir wissen es doch alle aus Erfahrung: Schokolade macht uns auch glücklich. Und am liebsten sehe ich Sie doch glücklich.

Himbeergranité
mit Prosecco

Zutaten für 4 Personen:

150 g Zucker

150 g frische Himbeeren
(ersatzweise tiefgekühlt)

300 ml Prosecco

4 EL Zitronensaft

1. Den Zucker mit 150 ml Wasser in einem kleinen Topf zum Kochen bringen und 3 Minuten sprudelnd kochen lassen. Vollständig abkühlen lassen.

2. Die Himbeeren verlesen, waschen und trocken tupfen. In einen hohen Rührbecher geben und mit dem Stabmixer pürieren. Das Püree durch ein feines Sieb streichen.

3. Das Fruchtpüree mit dem Prosecco, dem Zitronensaft und dem Läuterzucker mischen. In ein flaches, gefrierfestes Gefäß füllen und mindestens 4 Stunden in das Tiefkühlfach stellen. Gelegentlich mit einer Gabel kräftig durchrühren, damit keine großen Eiskristalle entstehen. Bis zum Servieren im Tiefkühlfach aufbewahren.

Schnelles Erdbeereis

Zutaten für 4 Personen:

500 g Erdbeeren

100 g Zucker

1 TL Zitronensaft

Mark von ¼ Vanilleschote

180 g Sahne

1. Die Erdbeeren waschen und putzen. Mit dem Zucker, dem Zitronensaft und dem Vanillemark mit dem Stabmixer oder im Küchenmixer so lange pürieren, bis sich der Zucker vollständig aufgelöst hat.

2. Die Sahne cremig schlagen. Die Erdbeermasse durch ein feines Sieb streichen und die Sahne unterheben. Die Masse in eine gefrierfeste Form oder in Eiswürfelbehälter füllen und mindestens 4 Stunden im Tiefkühlfach gefrieren lassen. Bis zum Servieren im Tiefkühlfach aufbewahren.

Kürbis-Krokant-Parfait
mit Kürbis-Orangen-Chutney

Zutaten für 4 Personen:

Für das Kürbis-Krokant-Parfait:

80 g Kürbiskerne

130 g Zucker

2 Eier

3 Eigelb

320 g Sahne

2 EL Kürbiskernöl

Für das Kürbis-Orangen-Chutney:

170 g Muskatkürbisfruchtfleisch

1 haselnussgroßes Stück Ingwer

1 Msp. Zimtpulver

1 Gewürznelke

100 ml Weißwein

½ l frisch gepresster Orangensaft

Saft von ½ Zitrone

1 Msp. Cayennepfeffer

Salz

Außerdem:

Öl für das Blech

Dekorschokolade

Minze- oder Salbeiblätter

1. Am Vortag für das Kürbis-Krokant-Parfait den Backofen auf 180 °C (Umluft) vorheizen. Die Kürbiskerne auf einem Backblech verteilen und im Ofen auf der mittleren Schiene 8 Minuten rösten. Herausnehmen.

2. In einem Topf 80 g Zucker bei mittlerer Hitze karamellisieren. Ein Backblech mit Öl einfetten. Die Kürbiskerne unter den Karamell rühren, die Mischung sofort auf dem Backblech verteilen und auskühlen lassen.

3. Die Eier und die Eigelbe mit dem restlichen Zucker in einer Metallschüssel im heißen Wasserbad mit den Quirlen des Handrührgeräts schaumig schlagen. Die Schüssel in ein kaltes Wasserbad setzen und weiterrühren, bis die Creme weiß und schaumig ist.

4. Die Sahne steif schlagen. Den Kürbiskernkrokant im Mörser oder Blitzhacker grob mahlen. Die Sahne mit dem Schneebesen unter die Eiercreme heben, dann den Kürbiskernkrokant und das Kürbiskernöl unterheben. Die Parfaitmasse in Metallringe (etwa 6 cm Durchmesser und 4 cm hoch) füllen und über Nacht tiefkühlen. Alternativ kann man die Masse auch in eine Kastenform oder in Portionsförmchen füllen, diese dann zuvor mit Frischhaltefolie auslegen, damit sich das Parfait später gut herauslösen lässt.

5. Am nächsten Tag für das Chutney das Kürbisfruchtfleisch grob raspeln. Den Ingwer schälen und in Scheiben schneiden. Kürbis, Ingwer und alle restlichen Zutaten in einem Topf mischen und mit 1 Prise Salz würzen. Zum Kochen bringen und bei schwacher Hitze etwa 30 Minuten garen, dabei gelegentlich umrühren.

6. Wenn das Chutney eine sämige Konsistenz hat, noch heiß in vorbereitete Schraubgläser füllen, verschließen und abkühlen lassen.

7. Zum Servieren das Parfait aus den Ringen bzw. den Förmchen lösen. Wenn eine Kastenform verwendet wurde, das Parfait herausstürzen, die Folie entfernen und das Parfait in etwa 2 cm dicke Scheiben schneiden. Das Parfait auf Dessertteller verteilen und je 1 EL Kürbis-Orangen-Chutney daneben anrichten. Mit Schokolade und Kräuterblättchen garnieren.

Stollenparfait

1. Die Gelatine in kaltem Wasser einweichen. Das Ei, die Eigelbe und den Zucker in einer Metallschüssel im heißen Wasserbad mit den Quirlen des Handrührgeräts schaumig schlagen.

2. Die Gelatine ausdrücken und unter Rühren in der warmen Eiercreme auflösen. Die Schüssel in ein kaltes Wasserbad setzen und weiterrühren, bis die Creme weiß und schaumig ist. Die Sahne steif schlagen und mit dem Schneebesen unterheben.

3. Den Stollen in kleine Würfel schneiden und mit Zitronat, Orangeat und 1 Prise Zimt unter die Parfaitmasse heben. Eine kleine Stollerbackform oder Rehrückenform (etwa 24 cm Länge) mit Frischhaltefolie auslegen und die Masse hineingeben. Das Stollenparfait zugedeckt 8 Stunden tiefkühlen.

4. Zum Servieren das Parfait aus der Form stürzen und die Folie entfernen. Das Stollenparfait zuerst mit Kakaopulver, dann mit Puderzucker bestäuben. In Scheiben schneiden und auf Desserttellern anrichten.

3 Blatt Gelatine

1 Ei

3 Eigelb

2 EL Zucker

250 g Sahne

200 g Christstollen

30 g Zitronat

30 g Orangeat

Zimtpulver

Kakaopulver

Puderzucker

Bachmeiers Tipp:

Wenn Sie keine Stollenbackform besitzen, dann füllen Sie die Parfaitmasse ganz einfach in eine kleine Kastenform. Das Parfait vor dem Servieren aus der Form stürzen und in Scheiben schneiden. Alternativ verwenden Sie kleine Portionsförmchen oder Kaffeetassen. Ganz nach persönlicher Vorliebe können Sie den Christstollen auch durch Marzipan- oder Mohnstollen ersetzen.

Schokoladenmousse
mit Orangensauce

Zutaten für 4 Personen:

Für die Schokoladenmousse:

200 g Sahne

200 g Zartbitterkuvertüre

2 Eier

50 g Zucker

Salz

50 g kalte Butter

Für die Orangensauce:

180 g Zucker

Saft von 1 Zitrone

200 ml Orangensaft

50 g Orangenmarmelade

1 TL Speisestärke

1. Für die Schokoladenmousse die Hälfte der Sahne in einer Metallschüssel bei mittlerer Hitze im Wasserbad erwärmen. Die Kuvertüre grob hacken und in der Sahne schmelzen lassen.

2. Die Eier trennen. Die Eiweiße mit dem Zucker und 1 Prise Salz zu cremigem Schnee schlagen. Die restliche Sahne steif schlagen.

3. Die kalte Butter in kleine Würfel schneiden und unter die Sahne-Kuvertüre-Mischung rühren, bis eine glatte Creme entsteht. Die Creme vom Wasserbad nehmen und die Eigelbe einrühren. Erst den Eischnee, dann die geschlagene Sahne unterheben. Die Mousse in eine Schüssel oder in Gläser füllen und 4 Stunden kühl stellen.

4. Für die Orangensauce den Zucker mit der Hälfte des Zitronensafts in einem Topf goldbraun karamellisieren. Mit einem Drittel des Orangensafts ablöschen und einkochen lassen. Nach und nach mit dem restlichen Orangensaft ablöschen. Den übrigen Zitronensaft und die Marmelade dazugeben und 5 Minuten leicht köcheln lassen.

5. Die Speisestärke mit wenig kaltem Wasser glatt rühren und die Orangensauce damit binden. Die Sauce abkühlen lassen und kühl stellen.

6. Die Orangensauce nach Belieben mit klein geschnittenen Orangenfilets und Minze verfeinern und zu der Schokoladenmousse servieren.

Crème brulée

Zutaten für 4 Personen:

¼ l Milch

250 g Sahne

60 g Zucker

5 Eigelb

1 Vanilleschote

2 EL brauner Zucker

1. Die Milch und die Sahne in einen Topf geben. Den Zucker dazugeben und die Eigelbe unterrühren. Die Vanilleschote der Länge nach aufschneiden und das Mark herauskratzen. Das Mark mit der Schote in die Milch-Sahne-Mischung geben.

2. Die Mischung etwa 1 Stunde bei schwacher Hitze erwärmen, damit sich die Zutaten verbinden.

3. Den Backofen auf 80 °C vorheizen. Die Crème-brulée-Masse auf vier kleine Portionsförmchen (à 150 ml Inhalt) verteilen und mit Frischhaltefolie zudecken. Die Förmchen in ein mit Küchenpapier ausgelegtes tiefes Backblech stellen und so viel heißes Wasser angießen, dass sie zu zwei Dritteln im Wasser stehen. Die Creme im Ofen auf der mittleren Schiene 3 bis 4 Stunden stocken lassen. Herausnehmen und vollständig abkühlen lassen.

4. Kurz vor dem Servieren die Crème brulée gleichmäßig mit 1 EL braunem Zucker bestreuen und mit dem Flambierbrenner karamellisieren. Den Vorgang wiederholen, die Crème brulée nach Belieben mit Beeren oder Minzeblättern garnieren und servieren.

Bachmeiers Tipp:

Durch das zweimalige Karamellisieren verbrennt der Zucker nicht so schnell, und die Kruste wird besonders knusprig. Wer etwas Zeit sparen möchte, kann die Crème auch im vorgeheizten Backofen bei 120 °C oder in einem Dampfgarer bei 80 °C etwa 1 Stunde stocken lassen.

Topfensoufflé

1. Vier Souffléförmchen (etwa 7 ½ cm Durchmesser) mit Butter einfetten, mit Zucker ausstreuen und in den Kühlschrank stellen.

2. Den Backofen auf 180 °C vorheizen. Die Eier trennen. Den Quark mit den Eigelben, dem Vanillemark und der Zitronenschale in einer Schüssel glatt rühren. Die Eiweiße mit 1 Prise Salz und dem Zucker zu steifem Schnee schlagen (siehe Tipp). Erst ein Drittel des Eischnees unter die Quarkmasse ziehen, dann den Rest vorsichtig unterheben.

3. Die Masse in die kalt gestellten Förmchen füllen. Eine kleine Bratreine mit Zeitungs- oder Küchenpapier auslegen und so viel heißes Wasser angießen, dass die Förmchen später zu zwei Dritteln im Wasser stehen. Das Wasser aufkochen lassen.

4. Die Souffléförmchen in das Wasserbad stellen und im Ofen auf der untersten Schiene 20 Minuten garen.

5. Die Soufflés vorsichtig aus dem Ofen nehmen und noch warm mit Puderzucker bestäubt servieren.

Zutaten für 4 Personen:

3 Eier

200 g Magerquark

Mark von ½ Vanilleschote

abgeriebene Schale von 1 unbehandelten Zitrone

Salz

60 g Zucker

Außerdem:

Butter und Zucker für die Formen

Puderzucker zum Bestäuben

Bachmeiers Tipp:

So wird der Eischnee schön fest: Die Eiweiße mit den Quirlen des Handrührgeräts langsam cremig schlagen. Wenn das Eiweiß fest wird, nach und nach den Zucker hinzugeben, aber immer erst dann, wenn das Eiweiß wieder steif geworden ist. Damit der Eischnee mehr Volumen bekommt, zum Schluss noch 1 Minute auf höchster Stufe schlagen.

Dampfnudeln
mit Vanillesauce

Zutaten für 8 Personen:

Für die Dampfnudeln:

110 g Zucker

30 g frische Hefe

½ l Milch

500 g Mehl

110 g Butter

2 Eier

½ TL Salz

Für die Vanillesauce:

1 Vanilleschote

150 ml Milch

100 g Sahne

Salz

80 g Zucker

5 Eigelb

Außerdem:

Mehl für die Arbeitsfläche

1. Für die Dampfnudeln den Vorteig (Dampferl) zubereiten. Dafür 50 g Zucker in eine kleine Schüssel geben und die Hefe dazubröckeln. Die Hälfte der Milch lauwarm erwärmen, angießen und die Hefe darin unter Rühren auflösen.

2. Das Mehl in eine Schüssel sieben und eine Mulde hineindrücken. Den Vorteig in die Mulde geben und zugedeckt etwa 1 Stunde an einem warmen Ort gehen lassen.

3. In einem kleinen Topf 80 g Butter zerlassen und mit den Eiern, 2 EL Zucker und dem Salz zum Mehl geben. Alles zu einem glatten Teig verkneten und den Hefeteig 1 weitere Stunde zugedeckt an einem warmen Ort gehen lassen.

4. Den Teig auf der bemehlten Arbeitsfläche kurz mit den Händen durchkneten und mit einem Löffel etwa 16 Portionen abstechen, zu Kugeln formen und mit einem Küchentuch bedeckt 30 Minuten gehen lassen.

5. Den Backofen auf 180 °C vorheizen. Die restliche Milch und je 30 g Butter und Zucker in einem großen flachen ofenfesten Topf aufkochen. Die Teigbällchen hineinsetzen, den Topf mit einem Deckel gut verschließen und die Dampfnudeln im Ofen auf der mittleren Schiene etwa 40 Minuten backen.

6. Inzwischen für die Vanillesauce die Vanilleschote längs halbieren und das Mark herauskratzen. Milch, Sahne, Vanilleschote und -mark, 1 Prise Salz und den Zucker in einem kleinen Topf unter Rühren aufkochen, dann die Vanilleschote wieder entfernen.

7. Die Eigelbe in einer Metallschüssel verrühren und in ein heißes Wasserbad setzen. Die heiße Vanillemilch nach und nach unter ständigem Rühren mit dem Schneebesen hinzufügen, bis die Sauce bindet (»zur Rose abziehen«). Die Schüssel in ein kaltes Wasserbad setzen und die Vanillesauce kalt rühren. Die Dampfnudeln aus dem Ofen nehmen und mit der Vanillesauce servieren.

Apfelstrudel

Zutaten für 2 Strudel:

Für den Teig:

200 g Mehl

4 EL Öl

½ TL Salz

Für die Füllung:

800 g Äpfel (z.B. Cox Orange)

40 g Butter

40 g Rosinen (in 3 cl Rum eingelegt; ersatzweise Sultaninen)

80 g Brioche- oder Weißbrotbrösel

60 g Zucker

abgeriebene Schale und Saft von 1 unbehandelten Zitrone

60 g gehackte Walnüsse

½ TL Zimtpulver

150 g saure Sahne

Außerdem:

Öl zum Bestreichen

Mehl zum Verarbeiten

60 g zerlassene Butter

Puderzucker zum Bestäuben

1. Für den Teig das Mehl auf die Arbeitsfläche sieben und eine kleine Mulde hineindrücken. Öl, Salz und nach und nach 100 ml Wasser in die Mulde geben, mit einer Gabel verrühren. Anschließend die Zutaten mit den Händen zu einem glatten Teig verarbeiten. Den Teig zu einer Kugel formen, mit Öl bestreichen und in Frischhaltefolie gewickelt 1 Stunde ruhen lassen.

2. Inzwischen für die Füllung die Äpfel vierteln, schälen, entkernen und in feine Scheiben schneiden. Die Butter zerlassen. Die Äpfel und die Butter mit den übrigen Zutaten für die Füllung mischen und etwa 45 Minuten ziehen lassen.

3. Ein Küchentuch (etwa 50 x 25 cm) auf die Arbeitsfläche legen und mit Mehl bestäuben. Den Teig halbieren. Ein Teigstück in die Mitte legen und ebenfalls mit Mehl bestäuben. Mit dem Nudelholz gleichmäßig rechteckig ausrollen. Den Teig mit Öl bestreichen, mit einem zweiten Küchentuch locker bedecken und 5 Minuten ruhen lassen. Die Handrücken mit Mehl bestäuben und den Teig über die Handrücken hauchdünn in alle Richtungen ausziehen.

4. Den Backofen auf 220 °C vorheizen und ein Backblech mit Backpapier belegen. Die Hälfte der Füllung auf dem Teig verteilen. Zuerst die Seitenränder über der Füllung einschlagen, dann den Strudel mithilfe des Tuches aufrollen und mit der Naht nach unten auf das Backblech legen. Mit dem restlichen Teig und der übrigen Füllung ebenso verfahren.

5. Die Strudel mit der zerlassenen Butter bestreichen und im Ofen auf der mittleren Schiene etwa 25 Minuten goldbraun backen. Die Strudel aus dem Ofen nehmen und 5 Minuten ruhen lassen. Mit Puderzucker bestäuben und servieren. Dazu passen Vanilleeis und Schlagsahne oder eine Vanillesauce (siehe S. 154).

Bachmeiers Tipp:

Ersatzweise können Sie Strudelteig aus dem Kühlregal (etwa 200 g) verwenden. Strudel kann man gut aufheben und am nächsten oder übernächsten Tag noch wunderbar essen. Weniger zu machen lohnt sich nicht. Das Ergebnis ist einfach nicht das Gleiche ...

Kaiserschmarren
mit Zwetschgenröster

1. Für den Zwetschgenröster den Backofen auf 120 °C vorheizen. Die Zwetschgen waschen, halbieren und entsteinen. Die Zwetschgen in einem Bräter mit dem Zucker und dem Zitronensaft mischen. Den Zimt, die Zitronenschale und die Vanilleschoten dazugeben. Den Bräter mit Alufolie dicht verschließen und die Zwetschgen im Ofen auf der mittleren Schiene etwa 40 Minuten weich garen. Zimt, Zitronenschale und Vanilleschoten wieder entfernen. Den Zwetschgenröster heiß in Schraubgläser einfüllen.

2. Für den Kaiserschmarren den Backofen auf 220 °C vorheizen. Die Eier trennen. Die Eiweiße mit 1 Prise Salz zu cremigem Schnee schlagen. Die Eigelbe, das Mehl und die Milch in einer Schüssel zu einem glatten Teig verrühren. Den Eischnee mit einem Teigschaber unterheben.

3. Die Hälfte der Butter in einer großen ofenfesten Pfanne erhitzen und den Teig hineingeben. Den Teig im Ofen auf dem Ofengitter auf der untersten Schiene 10 bis 15 Minuten backen. Kurz vor Ende der Garzeit den Ofen auf Oberhitze stellen und den Teig 2 bis 3 Minuten goldbraun backen.

4. Inzwischen die Mandelblättchen in einer Pfanne ohne Fett goldbraun rösten, herausnehmen und beiseitestellen. Den braunen Zucker mit der restlichen Butter in der Pfanne karamellisieren. Die Rosinen abtropfen lassen und unterrühren. Die Mandelblättchen dazugeben und kurz mitrösten.

5. Den Schmarren aus dem Ofen nehmen und den Teig mit zwei Holzlöffeln in grobe Stücke »reißen«. Zum Mandel-Rosinen-Karamell geben und vorsichtig darin wenden. Den Kaiserschmarren auf Teller verteilen, mit Puderzucker bestäuben und mit Zwetschgenröster servieren.

Zutaten für 4 Personen:

Für den Zwetschgenröster:

1 kg Zwetschgen

250 g Zucker

Saft und Schale von 1 unbehandelten Zitrone

1 Zimtstange

2 aufgeschlitzte Vanilleschoten

Für den Kaiserschmarren:

4 Eier

Salz

4 EL Mehl

200 ml Milch

80 g Butter

50 g Mandelblättchen

3 EL brauner Zucker

50 g Rosinen (in Rum eingelegt; ersatzweise Sultaninen)

Puderzucker

Bachmeiers Tipp:

Ungewöhnliche Konservierungsmethode: Wenn Sie die gut verschlossenen Gläser mit Zwetschgenröster durch das Schnellprogramm der Spülmaschine (über 60 °C) laufen lassen, wird der Inhalt noch einmal erhitzt und somit pasteurisiert (kein Spülmittel verwenden!). Der Röster ist so ungeöffnet 5 bis 6 Monate haltbar.

Topfenknödel

Zutaten für 8 Personen:

Für die Knödel:

120 g Butter

100 g Puderzucker

1 ½ Päckchen Vanillezucker

Salz

abgeriebene Schale von je 1 unbehandelten Zitrone und Orange

3 Eigelb

3 Eier

300 g Weißbrot

800 g Magerquark

Außerdem:

500 g Weißbrotbrösel

100 g Puderzucker

1. Für die Knödel die Butter und den Puderzucker in einer Schüssel mit den Quirlen des Handrührgeräts schaumig rühren. Den Vanillezucker, 1 Prise Salz, die Zitronen- und die Orangenschale hinzufügen und alles gut verrühren. Nach und nach zuerst die Eigelbe und dann die Eier unterrühren.

2. Das Weißbrot entrinden und n Würfel schneiden. Den Quark und das Brot unter die Butter-Ei-Masse rühren. Den Teig zugedeckt 2 Stunden in den Kühlschrank stellen und alle 30 Minuten gut durchrühren.

3. Die Weißbrotbrösel und den Puderzucker mischen und in einer Pfanne ohne Fett bei schwacher Hitze unter gelegentlichem Rühren goldgelb rösten. Herausnehmen und abkühlen lassen.

4. Reichlich leicht gesalzenes Wasser in einem großen Topf zum Sieden bringen. Aus der Quarkmasse mit angefeuchteten Händen etwa 16 Klöße formen und in das Wasser geben. Das Wasser aufkochen, den Topf vom Herd nehmen und die Klöße zugedeckt 12 bis 16 Minuten ziehen lassen.

5. Die Klöße mit dem Schaumlöffel herausnehmen, kurz abtropfen lassen und in den gerösteten Zuckerbröseln wälzen. Auf Teller verteilen und servieren. Dazu schmecken eingekochte Aprikosen (siehe S. 163).

Warmer Schokokuchen
mit Rhabarber-Pfirsich-Grütze

Zutaten für 6 Personen:

Für die Schokokuchen:

170 g Zartbitterschokolade

170 g Butter

225 g Zucker

6 Eier

90 g Mehl

Für die Rhabarber-Pfirsich-Grütze:

250 g Rhabarber

250 g Pfirsiche

50 g Zucker

50 ml Weißwein

Außerdem:

Butter und Zucker für die Förmchen

1. Für die Schokokuchen die Schokolade grob hacken und mit der Butter in einer Metallschüssel im heißen Wasserbad schmelzen. Den Zucker und die Eier in eine Schüssel geben und mit den Quirlen des Handrührgeräts schaumig schlagen. Das Mehl und die Schokoladenbutter unterrühren. Die Masse abkühlen lassen und zugedeckt kühl stellen.

2. Für die Rhabarber-Pfirsich-Grütze den Rhabarber putzen, waschen und in etwa 1 cm große Stücke schneiden. Die Pfirsiche waschen, halbieren und entsteinen. Das Fruchtfleisch in Würfel schneiden.

3. Den Zucker in einem Topf karamellisieren. Mit einem Drittel des Weins ablöschen und einkochen lassen. Nach und nach mit dem restlichen Wein ablöschen. Den Rhabarber zum Karamell geben, 10 Minuten weich garen und etwas abkühlen lassen. Die Pfirsichwürfel dazugeben und bis zum Servieren ziehen lassen.

4. Den Backofen auf 200 °C vorheizen. Sechs Metallringe mit Backpapier auskleiden oder ofenfeste Förmchen (à etwa 8 cm Durchmesser) mit Butter einfetten. Etwas Zucker in die Förmchen streuen und so darin verteilen, dass die Förmchen und der Rand komplett eingezuckert sind. Den Schokoladenteig auf die Metallringe oder Förmchen verteilen und die Küchlein im Ofen auf der mittleren Schiene etwa 10 Minuten backen. Herausnehmen und leicht abkühlen lassen.

5. Die Schokoladenkuchen vorsichtig aus den Formen stürzen, auf Dessertteller setzen und noch warm mit der Rhabarber-Pfirsich-Grütze servieren.

Schwarzbrotauflauf
mit Kirschragout

Zutaten für 4 Personen:

Für das Kirschragout:

300 g Kirschen

200 ml Kirschsaft

200 ml Portwein

150 ml Crème de Cassis
(Schwarzer Johannisbeerlikör)

½ Vanilleschote

1 EL Vanillepuddingpulver

Saft von je 1 Orange und Zitrone

1 EL Honig

Für den Schwarzbrotauflauf:

Butter und Zucker für die Förmchen

75 g sehr trockene Schwarzbrotbrösel (Roggenmischbrotbrösel;
siehe Tipp)

60 ml Rotwein

75 g Butter

75 g Puderzucker

1 Eigelb

5 EL gemahlene Nüsse

½ TL Vanillezucker

1 Msp. abgeriebene unbehandelte
Orangenschale

1 Msp. Zimtpulver

2 Eiweiß

1. Für das Kirschragout die Kirschen putzen, waschen und entsteinen. Die Kirschkerne mit dem Kirschsaft, dem Portwein und dem Crème de Cassis aufkochen. Die Vanille-schote dazugeben und die Flüssigkeit auf die Hälfte einkochen lassen.

2. Das Puddingpulver mit dem Orangen- und dem Zitronensaft verrühren und den Kirschkernfond damit binden. Mit dem Honig süßen. Den Fond durch ein Sieb in eine Schüssel gießen und lauwarm abkühlen lassen. Die Kirschen hineinlegen und bis zum Servieren ziehen lassen.

3. Für den Schwarzbrotauflauf vier Souffléförmchen (à etwa 8 cm Durchmesser) mit Butter einfetten, mit Zucker ausstreuen und kühl stellen. Die Schwarzbrotbrösel in eine Schüssel geben, mit dem Wein übergießen und ziehen lassen.

4. Die Butter mit dem Puderzucker und dem Eigelb in einer Schüssel schaumig schla-gen. Die aufgeweichten Brotbrösel, die Nüsse, den Vanillezucker, die Orangenschale und den Zimt unterrühren.

5. Den Backofen auf 180 °C vorheizen. Die Eiweiße zu cremigem Schnee schlagen und mit dem Schneebesen unter die Masse heben. Die Masse in die Souffléförmchen verteilen, in ein tiefes Backblech stellen und so viel heißes Wasser angießen, dass sie zu zwei Dritteln im Wasser stehen. Die Aufläufe im Ofen auf der mittleren Schiene etwa 10 Minuten backen.

6. Die Schwarzbrotaufläufe aus dem Ofen nehmen und auf Teller stürzen. Mit dem Kirschragout servieren.

Bachmeiers Tipp:

So machen Sie Schwarzbrotbrösel selber: Zwei Scheiben Roggenmischbrot 1 bis 2 Tage austrocknen und hart werden lassen. Dann das Brot grob zerkleinern und im Küchenmixer oder im Blitzhacker fein mahlen.

Brotpudding
mit Aprikosen

1. Für die Aprikosen die Früchte waschen, halbieren und entsteinen. In einem Topf mit dem Gelierzucker mischen. Den Limettensaft dazugeben. Die Aprikosen aufkochen lassen und 10 bis 15 Minuten köcheln lassen bis die Früchte weich sind, aber nicht zerfallen. Die Aprikosen abkühlen lassen und kühl stellen.

2. Für den Brotpudding die Brötchen in kleine Würfel schneiden. Die Milch lauwarm erhitzen und mit den Eiern und dem Zucker in einer Schüssel verrühren. Die Brotwürfel dazugeben und etwa 10 Minuten quellen lassen.

3. Den Backofen auf 180 °C vorheizen. Vier Auflaufförmchen (à etwa 100 ml Inhalt) mit Butter einfetten. Die Brotmasse auf die Förmchen verteilen und im Ofen auf der mittleren Schiene 20 bis 25 Minuten backen.

4. Den Pudding aus dem Ofen nehmen und 2 b s 3 Minuten oder ganz abkühlen lassen. Den Pudding aus den Förmchen auf Teller stürzen und die Aprikosen dazu servieren.

Zutaten für 4 Personen:

Für die Aprikosen:

8 Aprikosen

80 g Gelierzucker (1:2)

50 ml Limettensaft

Für den Brotpudding:

400 g Brötchen (vom Vortag)

400 ml Milch

3 Eier

150 g Zucker

Butter für die Förmchen

Karamellisierter Munster

Zutaten für 4 Personen:

5 Orangen

90 g Zucker

50 g Butter

½ unbehandelte Zitrone

2 cl Cognac

½ unbehandelte Orange

5 cl Orangenlikör (z.B. Grand Marnier)

250 g Munsterkäse (Münster, franz. Weichkäse)

1. Den Backofen auf 190 °C vorheizen. Die Orangen mit einem Messer so großzügig schälen, dass auch die weiße Haut mit entfernt wird. Die Filets zwischen den einzelnen Trennhäuten herausschneiden, den austretenden Saft auffangen und den Rest der Orangen gut ausdrücken.

2. Den Zucker in einer Pfanne erhitzen und karamellisieren. Sobald der Zucker geschmolzen ist, die Butter in kleinen Stücken hinzufügen. Die Zitronenhälfte auf eine Gabel spießen und die Butter mit der Zitrone unter den Zucker rühren.

3. Sofort den Orangensaft und den Cognac hinzufügen und den Sud bei schwacher Hitze 5 Minuten köcheln lassen. Die Orangenhälfte auf eine Gabel spießen. Die Zuckerreste vom Pfannenboden damit entfernen und unter Rühren auflösen.

4. Wenn die gewünschte Sämigkeit der Karamellsauce erreicht ist, den Orangenlikör dazugeben, anzünden und flambieren. Die Orangenfilets zum Karamell geben und die Sauce abkühlen lassen.

5. Den Munster halbieren, in einen ofenfesten tiefen Teller legen und im Ofen auf der mittleren Schiene 15 Minuten erwärmen. Die Sauce darübergießen und den Munster servieren.

Bachmeiers Tipp:

Der karamellisierte Munster eignet sich nicht nur als Dessert, sondern schmeckt auch als süßes Hauptgericht. Dafür einfach die doppelte Menge zubereiten und Kümmelkartoffeln dazu reichen. Für die Kümmelkartoffeln 500 g kleine festkochende Kartoffeln (z.B. La Ratte) waschen, ungeschält in Salzwasser mit 1 TL Kümmel aufkochen und 20 Minuten weich garen.

Wegweiser zu den Sendungen 2012

Wegweiser zu den Sendungen 2013

Danksagung

Mein herzlicher Dank geht an: Eckart Witzigmann – einfach für alles: Danke Chef! Horst Bork – dafür, dass du mir immer mit Rat und Tat zur Seite stehst. Rudi Färber – für deine Freundschaft, deine Hilfe und das beste Kalbsbrustrezept. Stefan Braun – für die kreative Zeit im Giesinger Studio. Bene Roth, der guten Seele – für den Espresso zur rechten Zeit. Stefan Grosse und meinen Mitarbeitern im Blauen Bock – ihr seid der Blaue Bock! Wiggerl Wallner – deine Weißwürste sind einfach die besten. Matthias Beck, Melanie Lehmann, Sebastian Weissenfeld und Sigi Gassner – für die engagierte Mitwirkung an diesem Buch. Meinen Gemüsebauern, Fleischern, Gärtnern, Züchtern, Fischern und Lieferanten – für die Top-Qualität. Meiner Mutter und meinem Bruder Robert – für eure tatkräftige Unterstützung in allen Lebenslagen.
Ein besonderer Dank gilt meiner Freundin Floriane – für alles und im Besonderen für deine Geduld.